半棒術
HANBOJUTSU

Técnicas de bastón corto Ninja y Samurai

この本を感謝のしるしとして、初見良昭宗家に謹呈いたします。
Dedico este libro a mi maestro Soke Masaaki Hatsumi que sin sus enseñanzas nunca hubiera podido realizarlo, a todos mis alumnos por haberme ayudado en la realización de las fotos y a mi familia.

Título | HANBOJUTSU: Técnicas de bastón corto Ninja y Samurai
Autor | Luca Lanaro
ISBN | 978-88-27819-70-8

© Todos los derechos reservados al autor
Ninguna parte de esta publicación puede ser utilizada, reproducida, almacenada o transmitida total o parcialmente sin autorización por escrito del autor.

Youcanprint Self-Publishing
Via Roma, 73 - 73039 Tricase (LE) - Italy
www.youcanprint.it
info@youcanprint.it
Facebook: facebook.com/youcanprint.it
Twitter: twitter.com/youcanprintit

Impreso en el mes de Marzo 2018

ÍNDICE

Prefacio	4
Bujinkan Dojo Budo Taijutsu	5
Soke Masaaki Hatsumi	6
Soke Takamatsu Toshitsugu	7
Hanbojutsu no Kigen (Orígenes del arte del bastón corto japonés)	8
Sanshin no Kamae (Postura de los tres corazones)	10
Kiso (Los fundamentales)	30
Kihon Happo (Ocho métodos básicos)	52
Nage Kata (Forma de las proyecciones)	80
Muna Dori Kata (Forma agarres de solapa)	89
Tehodoki Kata (Forma para liberar las manos)	94
Ushiro Dori Kata (Foma de agarres por detrás)	99
Tsuki Gaeshi Kata (Forma de contra puños)	104
Keri Gaeshi Kata (Forma de contra patadas)	112
Taihojutsu (Arte de captura)	120
Kata To Katachi (Forma y Forma)	130
Juppo Sessho (El arte de negociar en las 10 direcciones)	155
Ki Nagashi (Fluir de la energía)	161
Bo Nage (Lanzo del bastón)	162
Hanbojutsu Densho (Tradición del arte del bastón corto)	163
Shoden no Kata (Forma de la transmisión inicial)	164
Chuden no Kata (Forma de transmisión media)	173
Okuden no Kata (Forma de la transmisión más profunda)	185
Shikomi-Zue (Bastón espada oculta)	187
Goshinjutsu (Técnicas de defensa personal)	198
Keisatsu no Taihojutsu (Técnicas de detención de la policía)	202
Ihen no Bo (Engaño del bastón)	206
Glosario	207
Bibliografía	209
El autor	210

Prefacio

El bastón corto o cualquier bastón ha sido en todas las edades, una de las armas más prácticas y fáciles de encontrar. En japonés este arte se llama Hanbojutsu 半棒術 traducido literalmente significa "arte de mitad bastón", para bastón completo nos referimos el rokushaku Bo 六尺棒 o "bastón largo seis pies" (aproximadamente 1,80 m) que se utilizó también en combate y por lo tanto el bastón Hanbo es su mitad, que también se llama Sanshaku Bo 三尺棒 (aproximadamente 90 cm), dependiendo de la escuela o Ryu-Ha 流派 puede ser de varias longitudes desde 90 cm hasta 100 cm, y los diámetros desde 2,4 cm hasta 3 cm, también puede cambiar de forma tal como circular Maru 丸 o octogonal Hakkaku 八角 como se utiliza en la escuela Kukishin Ryu, y pueden ser de hierro o varios tipos de madera como el roble rojo o blanco.

Con este libro se puede tener una visión completa en la que consiste el arte de Hanbo como se estudia dentro del Bujinkan Dojo, a partir de las técnicas fundamentales, por los Kata basicos que organicé para una mejor comprensión por tipo de ataque, y Kata de niveles más avanzados de la escuela Kukishin Ryu, el bastón espada oculta Shikomi-Zue 仕込み杖 utilizado principalmente por los Ninjas, y sus aplicaciones, tanto en la autodefensa y cómo pueden ser utilizados por la policía.

Es importante tener en cuenta que en el Bujinkan Dojo primero es importante aprender el Taijutsu o combate sin armas que es la base para el movimiento del cuerpo, que es necesario para el uso de las armas, porque sin una base adecuada no se puede realmente progresar en el entrenamiento, el entrenamiento de los detalles en lo básico es esencial para llegar a la comprensión de la dinámica del combate real. Sin embargo, es muy importante que no intentes ninguna de estas técnicas sin la supervisión de un profesor de Bujinkan. Además de ser peligroso, no dará ningun resultado especialmente sin la transmisión oral Kuden 口伝.

Bujinkan Dojo Budo Taijutsu

武神館道場 武道体術

El Bujinkan Dojo 武神館道場 (el Dojo de la residencia del dio de la guerra) es la organización internacional fundada por el Soke Masaaki Hatsumi para el estudio y la práctica de las nueve tradiciones marciales antiguas que heredó. En el Bujinkan Dojo se estudias el Budo Taijutsu 武道体術 que literalmente significa "el arte del cuerpo en las artes marciales", la palabra Taijutsu 体術 en japonés se utiliza para definir las antiguas artes marciales, en el Bujinkan Dojo estudiamos las 9 escuelas y sus estilos de combate sin armas, con armas tradicionales y la filosofía de cada una de ellas. Entre estas nueve escuelas, existe el estudio de tres escuelas de Ninpo Taijutsu 忍法體術 o más fácilmente conocido como Ninjutsu 忍術 que es el arte del Ninja 忍者, de los cuales la más famosa es el Togakure Ryu Ninpo Taijutsu 戸隱流忍法体術 del pueblo Togakushi situado cerca Nagano. El estudio de combate con las manos desnudas incluye la práctica de caídas, proyecciones, llaves articulares, palancas y cómo atacar los puntos vitales, en el estudio de las armas tradicionales se practica el estudio de todas las armas tradicionales Samurai 侍 y del Bugei Juhappan 武芸十八般 (18 artes de la guerra), que si se van a sumar a las 18 de los Ninjas (Ninja Juhakkei 忍者十八計) para formar el Ninpo Sanjurokkei 忍法三十六計 (36 artes Ninja). Algunas escuelas tienen una clasificación más antigua del Bugei Juhappan como en la escuela Kukishin Ryu Happo Bikenjutsu 九鬼神流八法秘劍術, donde se estudia el sistema de Happo Biken 八法秘劍 (Ocho métodos, espada secreta) que consisten en:

1) Taijutsu 体術 técnicas de combate cuerpo a cuerpo, Hichojutsu 飛鳥術 técnicas de salto, Nawanage 縄投 lanzamiento de la cuerda.
2) Koppojutsu 骨法術 técnicas de percusión, Jutaijutsu 柔体術 técnicas de cuerpo maleable.
3) Sojutsu 鑓術 técnicas de lanza, Naginatajustu 薙刀術 técnicas de alabarda.
4) Teijutsu 停術 técnicas de detención, Hanbojutsu 半棒術 técnicas con el bastón corto.
5) Kobannage 小判投 técnicas de lanzamiento de objetos pequeños, Tokenjutsu 投劍術 técnicas de lanzamiento de la espada, Shurikenjutsu 手裏劍術 técnicas de lanzamiento de cuchillas.
6) Kajutsu 火術 técnicas de fuego, Suijutsu 水術 técnicas de agua.
7) Chikujo Gunryaku Heiho 築城軍略兵法 Estrategias para la construcción del los castillos.
8) Onshinjutsu 隠身術 técnicas de mimetismo.
- ❖ Hikenjutsu 秘劍術 El arte de la espada secreta incluye: Ken 劍 espada, Kodachi 小太刀 espada corta, Jutte 十手 de la policía japonesa del período Edo y el Tessen 鉄扇 ventalle.

A partir de esta clasificación más tarde se desarrolló el sistema Bugei Juhappan. La escuela Kukishin Ryu es famosa por sus técnicas con el bastón largo Rokushaku Bo 六尺棒 y el bastón corto Sanshaku Bo 三尺棒.

Dojo Kun 道場訓 (El código del Dojo):
1) Saber que la paciencia llega por primera.
2) Saber que el camino del ser humano procede de la justicia.
3) Renunciar a la avaricia, la pereza y terquedad.
4) Reconocer la tristeza y la preocupación como algo de natural, y buscar el corazón inamovible.
5) No desviarse del camino de la lealtad y el amor fraternal, estudiar profundamente en el corazón del Budo.

Meiji 23 (1890) Primavera, Toda Shinryuken Masamitsu
Showa 33 (1958) Marzo, Takamatsu Toshitsugu Uou
Hatsumi Masaaki Byakuryu

Soke Masaaki Hatsumi
宗家初見良昭

El Doctor Masaaki Hatsumi nació en Japón en la prefectura de Chiba el 2 de diciembre del 1931, se graduó en la Universidad de Meiji en medicina y donde profundizó el estudio del teatro tradicional, las artes, la pintura y la cultura japonesa.

Ha escrito más de veinte libros en japonés y en inglés de Ninjutsu, Budo (Artes Marciales Japonesas) y la poesía, y ha realizado numerosos videos sobre las tradiciones Ninja. También participó en la elaboración de muchas películas, documentales históricos, programas de televisión, así como consultor en las escenas de lucha de películas famosas como "007 Sólo se vive dos veces", y es famoso por haber editado las escenografía para las películas Ninja del famoso actor Sonny Chiba. El Doctor Hatsumi comenzó a estudiar las artes marciales a la edad de siete años y pronto alcanzó el grado de instructor de Judo, Kendo, Karate, Aikido y Kobudo hasta que se convirtió en un estudiante directo de Takamatsu Toshitsugu, yendo a él cada fin de semana en tren más de 1300 km, solo para entrenar con él, esto durante quince años, mientras que durante la semana trabajaba en su clínica como quiropráctico. Antes de la muerte del Gran Maestro Toshitsugu el 2 de abril 1972, Masaaki Hatsumi, a pesar de su joven edad, se convirtió en su sucesor y heredero de las escuelas:

34° sucesor	Togakure Ryu Ninpo Taijutsu	戸隱流忍法体術
28° sucesor	Gyokko Ryu Koshijutsu	玉虎流骨指術
28° sucesor	Kukishin Ryu Happo Bikenjutsu	九鬼神流八法秘劍術
26° sucesor	Shinden Fudo Ryu Dakentaijutsu	神傳不動流打拳体術
18° sucesor	Koto Ryu Koppojutsu	虎倒流骨法術
18° sucesor	Gikan Ryu Koppojutsu	義鑑流骨法術
17° sucesor	Takagi Yoshin Ryu Jutaijutsu	高木揚心流柔体術
14° sucesor	Kumogakure Ryu Ninpo Taijutsu	雲隱流忍法体術
15° sucesor	Gyokushin Ryu Ninpo Taijutsu	玉心流忍法體術

El Soke Masaaki Hatsumi ha sido conferido el premio "Higashikuni no Miha" 東久邇宮文化褒賞 premio de la cultura japonés, fundado el 18 de abril de 1963. Este premio tiene solo una clase y puede ser asignado a hombres y mujeres por sus contribuciones al arte de Japón, de literatura o cultura. El premio se otorga el Día de la Cultura (3 de noviembre) de cada año en el palacio Higashikuni no Miha.

Soke Takamatsu Toshitsugu
宗家 高松寿嗣

Técnica de Kuri Gaeshi 栗返し realizada por el Soke Takamatsu Toshitsugu.

La familia de Takamatsu estaba originaria de Matsushima en Ise. El padre de Takamatsu recibió el rango de maestro de Shugendo en el templo de Kumano. El mayor deseo de su padre era que Toshitsugu se convirtiera en soldado, para esto su padre lo envió a entrenar con su tío y maestro de artes marciales Toda Shinryuken Masamitsu. A partir de ese día Takamatsu fue enviado al Dojo de la escuela Shinden Fudo Ryu Jutaijutsu de su tío, Toda Shinryuken Masamitsu fue un famoso artista marcial que enseñó en la academia militar en Nakano. Takamatsu Sensei a los 13 años recibió el Menkyo Kaiden 免許皆伝 (el diploma de conocimiento profundo de las artes marciales tradicionales) de la escuela Shinden Fudo Ryu. Dar el diploma de maestría a los estudiantes jóvenes no era habitual, ya que era necesario alcanzar un alto nivel de habilidad, de modo que el Maestro reconociera al alumno para estar a la altura. Después de esta escuela, su tío le enseñó Koto Ryu, Togakure Ryu, Kumogakure Ryu, Gyokko Ryu y Gyokushin Ryu.

En 1900, Takamatsu Sensei fue a la escuela de inglés Georg Bundow y a la escuela clásica china de Kobe. Fue entonces cuando se convirtió en miembro del Dojo de la escuela Takagi Yoshin Ryu, donde Mizuta Yoshitaro Tadafusa era el decimoquinto Soke.

En el 1904 llegó a la fábrica de su padre, un nuevo jefe de la seguridad ha sido un hombre famoso en Japón por las artes marciales llamado Ishitani Matsutaro Takekage. Normalmente usaba un viejo Bokken de roble como bastón. Ishitani también recibió una pequeña área de la fábrica para ser utilizada como Dojo. Con otras personas, Takamatsu aprovechó la oportunidad para estudiar con el antiguo Maestro. De él aprendió la escuela "Kukishin Ryu Happo Bikenjutsu". Ishitani también conocía varias artes de Ninjutsu. Ishitani enseñó a Takamatsu otras dos escuelas de lo cual él fue Soke. Estos fueron los Takagi Yoshin Ryu (una rama diferente de la escuela anterior que Takamatsu ya había aprendido de Mizuta), y el Gikan Ryu Koppojutsu.

Takamatsu durante la Segunda Guerra Mundial se fue a China y realizó varios trabajos, entre ellos el maestro de artes marciales, enseñó las artes marciales japonesas a la escuela de Inglés, llegó a tener más de 1.000 estudiantes, y por eso fue desafiado constantemente por instructores de artes marciales. En el diario de Takamatsu se dice que en China ganó 12 peleas mortales y 7 encuentros.

Hanbojutsu no Kigen
半棒術の起源
(Orígenes del arte del bastón corto japonés)

Se dice que el arte del combate con el bastón corto llamado en japonés Hanbojutsu 半棒術, nació cuando las lanzas de los guerreros se rompieron en medio de la batalla, y ellos usaron hábilmente la mitad restante del bastón de la lanza en el combate. Más tarde, las técnicas de Hanbo se desarrollaron más tarde en las técnicas del bastón espada oculta Shikomi-Zue 仕込み杖.

Se dice que las técnicas de Hanbojutsu han existido desde la antigua historia de Japón, por ejemplo, cuando Yamato Takeru No Mikoto luchó contra Izumo Takeru, se dice que Yamato Takeru No Mikoto derrotó Izumo Takeru con la punta de un piezo del bastón de la lanza.

En el Bujinkan Dojo las técnicas de Hanbojutsu son principalmente de la escuela Kukishin Ryu 九鬼神流 de la familia Kuki 九鬼 (nueve demonios). Muchas escuelas o Ryu-Ha 流派 están conectadas a la familia "Kuki" que se originó desde el Clan Nakatomi (Fujiwara).

Un personaje famoso del clan Fujiwara fue Fujiwara No Kamatari, quien en 645 durante una rebelión fue la fuerza decisiva que lo puso fin.

El 38° emperador Tenchi le dìo los pergaminos secretos "Amatsu Tatara Hibun" 天津蹈鞴秘文, como recompensa, y para educar a él en la nueva posición de primer ministro. Este pergamino contiene información para gobernar de manera eficiente y para mantener a la nación en paz.

Amatsu Tatara 天津蹈鞴 puede ser traducido como: Amatsu 天津: Residencia Divina o el lugar donde habitan las divinidad; Tatara 蹈鞴: Los principios más elevados de la naturaleza que son los mayores secretos de las artes marciales Bumon 武門 y Shumon espiritual 宗門. Los símbolos más antiguos de estos pergaminos son más antiguo de 2500 años, en ese momento histórico, un grupo de malayos, tibetanos, chinos y coreanos huyeron de su país, y llegaron en Japón. Estas personas trajeron consigo las costumbres, la filosofía, las habilidades marciales, la escritura y el conocimiento médico que lentamente fueron asimilados en la cultura japonesa.

En el 607, (AD) Nakatomi Kamatari, junto con el emperador Tenchi, mató al poderoso jefe de la familia Soga que tenía la corte imperial japonesa totalmente bajo su control. Como recompensa, Kamatari se convirtió en un Shogun, y en este rol comenzó la reforma de la era Taika (645) y estableció el gobierno central en Japón.

En el 669, Nakatomi Kamatari asumió el apellido Fujiwara y se convirtió en el fundador de el clan Fujiwara-Shi 藤原氏 que gobernó el Japón desde el siglo IX hasta el siglo XVIII.

El clan Fujiwara reinó durante más de 600 años, gracias a su copia del Amatsu Tatara Hibun, dieron lugar a Shinden Fujiwara Muso Ryu 神傳藤原無双流, de la cual luego se originó la escuela Kukishin Ryu.

En la escuela Kukishin Ryu existe la leyenda de cómo nacieron las técnicas de Hanbojutsu en esta escuela, cuando uno de sus miembros Ohkuni Taro Takehide se encontró en el campo de batalla con Yashiro Gonnosuke Ujisato, la lanza del primero fue roto en dos durante la batalla, Ohkuni usando la mitad rota de la lanza derribó a Yashiro.

Kuriyama Ukongen Nagafusa desarrollo las técnicas de Hanbojutsu de la escuela Kukishin Ryu, a partir de estas técnicas Ohkuni Kogenta Yukihisa creó las técnicas de Jojutsu 杖術 (arte del bastón largo 4 pies Yonshaku 四尺 acerca de 120 cm), a partir del conocimiento del Hanbojutsu 半棒術 (arte del bastón corto), Rokushaku Bojutsu 六尺棒術 (arte del bastón largo) y Kenpo 剣法 (antigua arte de espada).

三心の構

SANSHIN NO KAMAE
(Postura de los tres corazones)

En los pergaminos más antiguos de la escuela Kukishin Ryu llamados Shinden Amatsu Tatara Ryu Hanbojutsu 神伝天津蹈鞴流半棒術, que se basan en los pergaminos Amatsu Tatara Kangi Den 天津蹈鞴槓技伝, se describen tres posturas en japonés Kamae 構 que son; Kata Yaburi, Munen Muso y Otonashi. Estos se llaman también Sanshi Den 三志伝, Sanshin no Kamae 三心の構 y Sanso no Kata 三想の型. El Gran Maestro Takamatsu Toshitsugu usó el término Sanshin no Kamae 三心の構.

Kata Yaburi no Kamae　　**Munen Muso no Kamae**　　Otonashi no Kamae
型破の構　　　　　　　無念無想の構　　　　　音無の構

Kata Yaburi no Kamae
型破の構
(Posición de romper la forma)
"La actitud de romper la forma".

También llamada Hira Ichimonji no Kamae 平一文字の構, Kachimi 勝身の構, Kata Yaburi no Kokoro 型破の心.

Para asumir la posición correcta, mantén la espalda recta, los pies a la altura de los hombros, agarrar el bastón con las dos manos horizontales al suelo, como actitud mental Kokoro Gamae 心構え debes estar relajado, pero siempre alerta, debe ser una vigilancia espiritual que no tiene que esser comunicada ni por la expresión facial y ni por la posición del cuerpo. La ventaja de esta posición es que no alerta al oponente.

Kata Yaburi no Kamae Yori no Bo
型破の構えよりの棒

(Golpear con el bastón desde la postura Kata Yaburi no Kamae Mugamae 型破の構無構 "Postura sin postura de romper la forma").

Sukui Uchi
すくい打ち

(Golpe a cuchara)

Desde Kata Yaburi no Kamae avanzar con el pie izquierdo golpeando de abajo hacia arriba con la punta izquierda del Hanbo golpeando Gedan 下段 (bajo), Chudan 中段 (medio) o Jodan 上段 (alto) con Uchi Age 打ち上げ (golpeando arriba) o Hane Age 跳ね上げ.

Hane Age 跳ね上げ golpeando Jodan 上段.   Uchi Age 打ち上げ golpeando Gedan 下段.

Han Gaeshi Uchi
半返し打
(Golpe con media rotación)

Desde Kata Yaburi no Kamae mueverse ligeramente hacia un lado y lanzar el bastón con la mano izquierda, girarlo de 180° en la mano derecha, golpeando la muñeca del oponente agarrando el bastón con la mano izquierda.

Katate Furi
片手振り
(Rotación con una sola mano)

Desde Kata Yaburi no Kamae permaneciendo en el lugar mirar a la izquierda tomando la postura Yoko Ichimonji no Kamae 横一文字の構 (cambiando el agarre de la mano derecha), avanzar con el pie derecho y dejando el agarre con la mano izquierda usar el peso del bastón para hacer una rotación Furi 振り desde abajo hacia arriba golpeando el punto vital izquierdo llamado Kasumi 霞 (se golpea teniendo el bastón con el agarre invertido llamado Gyakute 逆手).

Munen Muso no Kamae

無念無想の構

(Postura sin mente y sin pensamientos)

"La actitud de estar libre de todos los pensamientos que distraen la miente".

Esta posición también se llama Tate no Kamae 楯の構え, Shinsen no Kamae 神仙の構, Mushin no Kokoro 無念の心, Mushin no Kamae Mugamae 無心の構え無構え, Shizen no Kamae 自然の構え.

Para asumir la posición correcta, mantén la espalda recta, los pies a la altura de los hombros, agarrar el bastón con la mano derecha, manteniéndolo hacia el lado como un bastón de paseo, como actitud mental Kokoro Gamae 心構え debes estar relajado, sin pensar, la miente siempre está lista para un posible ataque desde cualquier dirección porque no se fija en un pensamiento en particular, manteniendo así el estado de Mushin 無心. La ventaja de esta posición es que, el adversario tiene la sensación que no estamos en guardia, pero concentrado en el andar.

Munen Muso no Kamae Yori no Bo
無念無想の構えよりの棒
(Golpear con el bastón desde la postura sin miente y sin pensamientos)

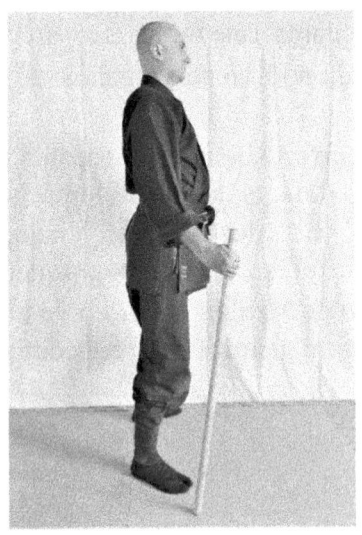

Tate Tobi
楯飛び
(Salto del escudo)

Desde Munen Muso no Kamae saltar harriba, una vez en el aire golpear con el bastón en una mano, "Kukan de no Katatefuri" 空間での片手振 (Oscilación con una mano en el espacio), para realizar esta técnica es importante entrenar en el Taihenjutsu 体変術 "Movimiento del cuerpo" del Shiho Tenchi Tobi 四方天地飛び "Saltar en las cuatro direcciones cielo y tierra".

Migi Hachiji Katate Furi
右八字片手振り
(Rotación a ocho con la mano derecha)

Desde Munen Muso no Kamae girar el bastón en forma de Hachi 八 (8 en japonés) con la mano derecha formando así el signo del infinito ∞ en el aire.

Tsuki Gaeshi
突き返し
(Estocada invertida)

Desde Munen Muso no Kamae envolver el bastón con el brazo, colocando la punta inferior debajo de la axila y golpeando con la punta superior con una estocada avanzando con el pie derecho, dejando el bastón por debajo de la axila y agarrando con la mano izquierda, hacer un paso atrás con el pie derecho para golpear al punto vital derecho Kasumi, lanzar el bastón con la mano derecha, y girar el bastón en la mano izquierda para golpear al Kote del oponente.

Tsuki Do Furi
突き胴振り
(Estocada y rotación del torso)

Desde Munen Muso no Kamae envolver el bastón con el brazo, colocando la punta inferior debajo de la axila y golpeando con la punta superior con una estocada avanzando con el pie derecho, inmediatamente dejar el bastón debajo de la axila y agarrar con la mano izquierda, golpear en el tronco a la izquierda Hidari Do Uchi 左胴打.

(Detalle de la estocada con el bastón).

Katate Furi Men Uchi
片手振り面打
(Golpe a la cara rotación con una mano)

Desde Munen Muso no Kamae avanzar con el pie derecho para golpear con un Furi desde debajo hacia el lado golpeando en el punto vital izquierdo de Kasumi, y agarrando el bastón con la mano izquierda golpear en el punto vital llamado Tento 天頭.

Henka Katate Furi Men Uchi
変化 片手振り面打
(Variante golpe a la cara rotación con una mano)

De Munen Muso no Kamae avanzar con el pie derecho para golpear con un Furi desde debajo hacia arriba golpeando el punto vital llamado Asagasumi 朝霞, y agarrando el bastón con la mano izquierda golpear en el punto vital llamado Tento.

Tokikaku Uchi
頭鬼角打ち

(Golpe con el borde del bastón, llamado "Golpe con los cuerno del demon")

Se puede utilizar el borde de la punta del bastón o el su borde para golpear diferentes puntos y en diferentes maneras, como:

Golpear el puño con el borde de la punta del bastón, Uchi Harai 打払.

Golpear con Tokikaku Uchi en el punto vital Jakkin, Jakkin Uchi 弱筋打.

Golpear con Tokikaku Uchi en el punto vital Tento, Tento Uchi 天頭打.

Golpear con Tokikaku Uchi en el punto vital Yaku, Yaku Uchi 扼打.

Golpear con Tokikaku Uchi en el punto bajo el pómulo derecho, Migi Kenkotsu Uchi 右顴骨打.

Golpear con Tokikaku Uchi en el punto vital Asagasumi, Asagasumi Itto Uchi 朝霞一当打.

Compresión dolorosa con el borde del bastón en los huesos, Kotsu Itami Dori 骨痛捕り.

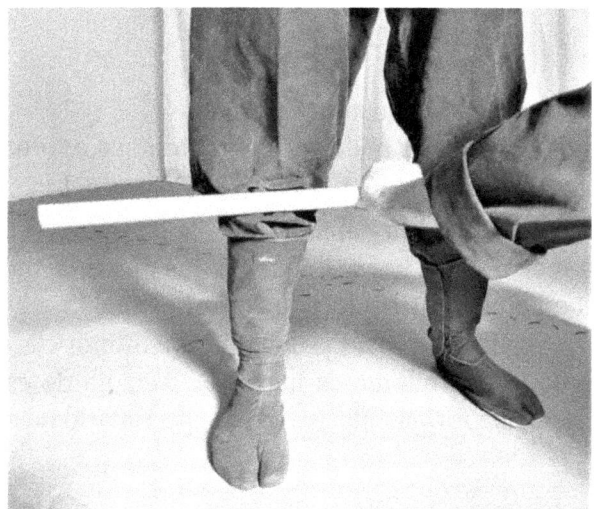

Agarrar el bastón en el centro, golpear las tibias del oponente con el borde, Ryo Ashi Uchi 両足打.

Golpear a la cara y el abdomen con el borde del bastón en vertical, Tate Uchi 立打.

Otonashi no Kamae
音無の構
(Postura sin ruido)
"La actitud de no decir nada y esperar para una oportunidad".

También conocido como Danpi no Kamae 断飛の構, Kage no Ippon 影の一本, Otonashi no Kokoro 音無の心, Otonashi no Kamae Mugamae 音無の構無心.

Para asumir la posición correcta, mantén la espalda recta, los pies a la altura de los hombros, agarrar el bastón con las dos manos paralelo al suelo detrás de la espalda, como actitud mental Kokoro Gamae 心構え debes estar relajado, listo para golpear pero sin mostrar tus intenciones, sin decirle involuntariamente al oponente lo que queremos hacer. La ventaja de esta posición es que puedes atacar o contraatacar al oponente de formas inesperadas por atraparlo de sorpresa.

Otonashi no Kamae Yori no Bo
音無しの構えよりの棒
(Golpear con el bastón desde la postura sin ruido)

Otonashi no Kamae Katate Furi
音無しの構え片手振り
(Rotación con una mano desde la postura sin ruido)

Desde Otonashi no Kamae dejar el agarre con la mano izquierda y golpear desde abajo hacia arriba moviendo el peso del cuerpo hacia la izquierda.

Kuri Gaeshi
栗返し

("Invertir la castaña" también llamada Kachiguri no I 勝栗の意 Idea de la castaña seca)
Desde Otonashi no Kamae girar la muñeca llevando la punta del bastón sobre el hombro derecho y golpear el punto vital Tento.

KISO
(Los fundamentales)

Las técnicas que se llaman "fundamentales" en japonés Kiso 基礎, son muy importantes y deben entrenarse de forma constante no importa el grado en que hayamos llegado; algunas personas se ven afectadas por el efecto Dunning-Kruger, que es una distorsión cognitiva debido a qué los individuos poco expertos en un campo tienden a sobreestimar sus habilidades, pensando equivocandose de ser expertos en el campo, para esto siempre debemos mantenernos humildes y entrenar incluso en las técnicas fundamentales. En las artes marciales, como en cualquier otra arte, es importante mantener un entrenamiento constante no solo para mejorar y perfeccionar las habilidades, sino también para mantener las habilidades adquiridas. La mayoría de la gente tiende a posponer las cosas, por eso es importante entrenar usando el principio Kaizen 改善 (mejorarse), que como dice Soke Masaaki Hatsumi, consiste en entrenar sin esfuerzo para mejorar, muchas veces las personas piensan que deberían comenzar un entrenamiento entrenando duro desde el principio pero hacerlo será contra productivo, a menudo porque tienes prisa por obtener resultados, lo importante es tener paciencia y entrenar paso a paso para crear hábitos saludables, para poder mejorar día a día.

Akuheki
"Debemos abandonar los malos hábitos para ser buenos".

Masaaki Hatsumi

Keri
蹴り
(Patadas)

Patear desde Munen Muso no Kamae con el bastón en la mano derecha, entrenar pateando hacia adelante, atrás, a la derecha y a la izquierda Shiho Geri 四方蹴.

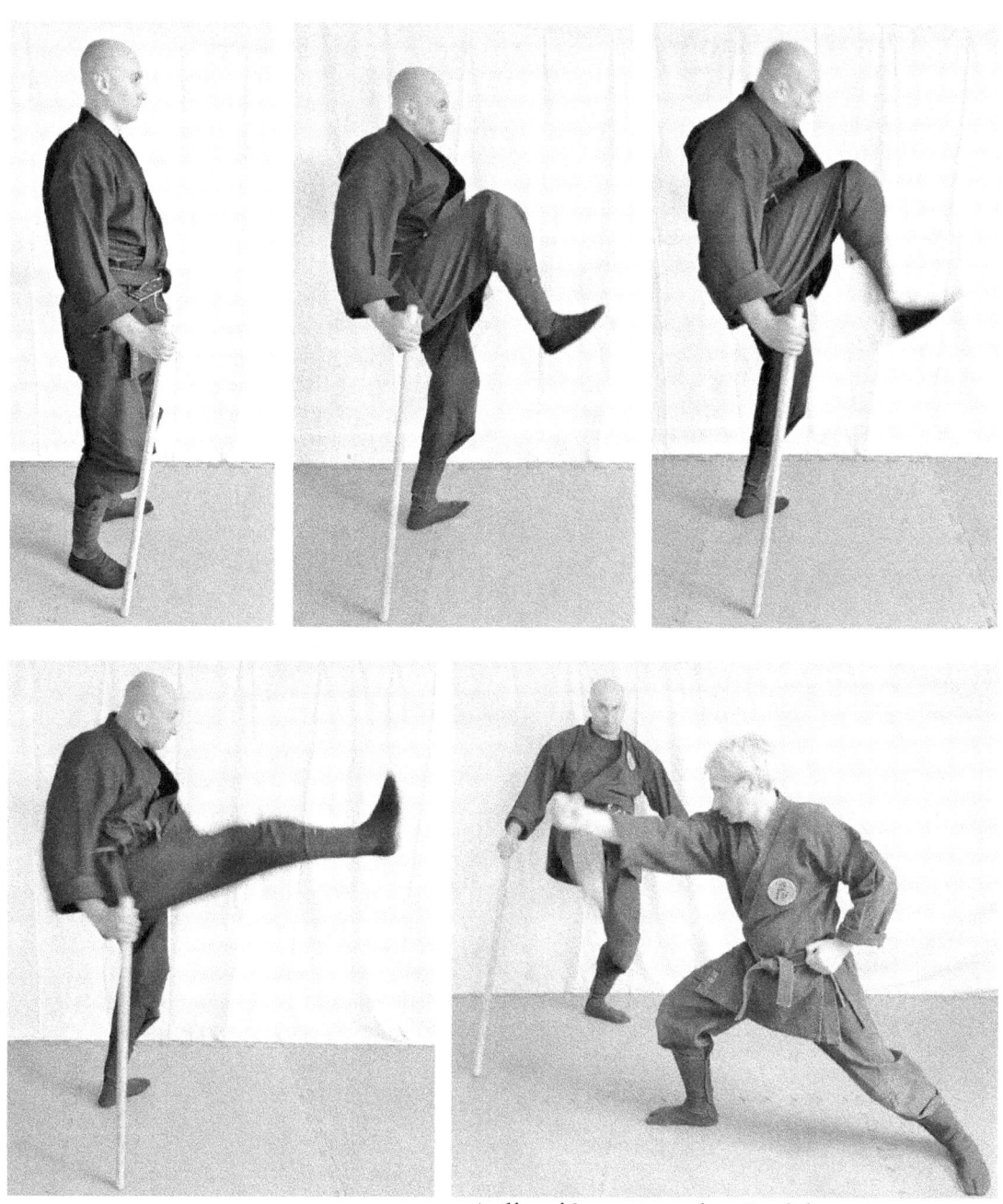

Aplicación, patear el puño del oponente.

Sanshin no Taihen
三心の体変
(Movimiento del cuerpo de los tres corazones)

Comenzando desde cualquier Kamae para desarrollar el movimiento corporal doblándo las rodillas, flexionr hacia atrás y luego inclinarse hacia delante. Tai no Furi Tsuki 体の振り突き (Estocada con oscilación del cuerpo). Shin 心 (Corazón o Mente) de Sanshin también se puede escribir con el ideograma de "Furi" 振 (Oscilación).

Kyuho Uchi
九法打ち
(Nueve métodos de golpe)

Desde Kata Yaburi no Kamae practicar Hiza Uchi 膝打, Do Uchi 胴打, Kasumi Uchi 霞打, Tento Uchi 天頭打, Uchi Age 打ち上げ y Tsuki 突. También se llama Uchi Waza 打技 (Técnicas de golpe).

Hiza Uchi 膝打 golpear la rodilla izquierda y derecha (también llamado Sune Uchi 脛打).

Do Uchi 胴打 golpear el torso izquierda y derecha (también llamado Waki Uchi 脇打).

Kasumi Uchi 霞打 golpear el sien izquierda y derecha (también llamado Yokomen Uchi 横面打).

Tento Uchi 天頭打 golpear el punto vital encima de la cabeza (también llamado Men Uchi 面打).

Uchi Age 打ち上げ (también escrito 打揚) golpear el punto vital del ingle (también puedes golpear en Hane Age 跳ね上げ también escrito 跳擧).

Tsuki 突 golpear el punto vital llamado Suigetsu con una estocada.

Taihenjutsu
体変術
(Arte del movimiento del cuerpo)

La práctica de caídas y vueltas es esencial en las artes marciales, para esto debes ser capaz de hacerlo también con un arma en la mano. Practicar las caídas con el bastón en las manos.

UKEMI GATA 受身型 (Forma para recibir con el cuerpo)

Zenpo Kaiten 前方回転 Rodar en adelante.

Sokuho Kaiten 側方回転 Rodar de lado.

Tate Nagare 立流れ Fluir en vertical.

Gyaku Nagare 逆流れ Fluir en torsión.

Yoko Nagare 横流れ Fluir de lado.

Junagare 順流れ Fluir en la ocasión, rodar diagonalmente.

Taisabaki Gata
体捌き型
(Forma de los desplazamientos del cuerpo)

Practicar los movimientos defensivos del cuerpo golpeando con el bastón evitando los ataques internamente Ura 裏 y externamente Omote 表.

Naname Ushiro Ura Waki Uchi
斜め後ろ裏脇打

Naname Mae Omote Waki Uchi
斜め前表脇打

Mawashi Kote Uchi Ura
廻し小手打裏

Kote Uchi Omote
小手打表

Katate Tsuki
片手突

Sabaki Dori
捌き捕り
(Evitar y agarrar)

Evitar el golpe golpeando el torso del oponente con el bastón y agarrar la muñeca, Ura 表 interno y Omote 表 externo (este movimiento básico se utiliza para realizar técnicas como Tsuke Iri o Koshi Ori y muchas otras).

Sabaki Dori Ura
捌き捕り裏

Sabaki Dori Omote
捌き捕り表

Ashi Dori
足し捕り
(Captura de la pierna)

Como el oponente patea con la pierna derecha, desde Kata Yaburi no Kamae evitar en el exterior y golpear con la punta derecha dentro del tobillo derecho del oponente, mientras pone su pierna en el suelo golpear con la punta izquierda del bastón haciendo presión para llevar el oponente al suelo, chequear presionando con el bastón sobre las articulaciones de la rodilla y del codo derecho.

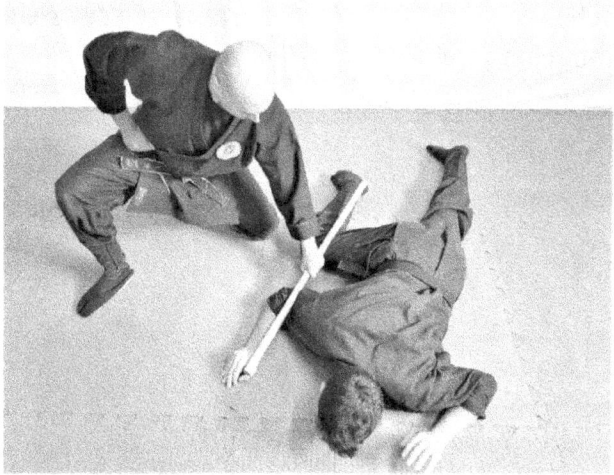

Sankaku Jime
三角締め
(Estrangulación a triángulo)

Kubi 首

¡Las técnicas de estrangulamiento son muy peligrosas, se debe tener mucho cuidado en la práctica de ellas, se tiene que comenzar con una ligera presión y aumentar poco a poco, nunca se debe llevar al compañero inconsciente, se debe practicar bajo la supervisión del maestro y se debe conocer las técnicas básicas de reanimación, o las técnicas tradicionales de reanimación japonesa llamadas Kappo 活法 o Katsu 活!

Tekubi 手首

Ashikubi 足首

Shime Tejun
締め手順

(Cómo posicionar las manos por los estrangulamientos)
Métodos de posicionamiento de las manos en el uso de Sankakujime:

Ryotenouchi Uchi Mukou 両掌内向こう Ambas palmas abajo.

Kousa 交差 Palmas invertidas.

Ryotenouchi Soto Mukou 両掌外向こう Ambas palmas hacia arriba.

Katate Buri
片手武利

(Rotación con una sola mano, el ideograma para rotación Furi 振り también se puede leer como Buri, se reemplaza con los ideogramas para marcial Bu 武 y ventaja Ri 利)

Desde Munen Muso no Kamae practicar los siguientes golpes desde esta posición girando el bastón con una mano.

Asagasumi Uchi 朝霞打ち

Kinteki Uchi 金的打ち

Hidari Kasumi Uchi 左霞打ち

Hadome Uchi 歯止打ち

Migi Kasumi Uchi 右霞打ち

Ashi Harai 足払い

Ryo Ashi Harai 両足払い

Kaze Harai 風払い

Katate Kakae Bo
片手抱え棒
(Envolver el bastón con una mano)

El oponente golpea con el puño derecho, desde Munen Muso no Kamae evitar por fuera y envolviendo el bastón debajo el brazo golpear con la punta superior golpeando en el punto vital Uko 雨戸, o golpeando en el punto vital Asagasumi con una estocada, o con una estocada ascendente Hanetsuki 跳突き.

Uko Uchi 雨戸打ち   Asagasumi Tsuki 朝霞突き

Asagasumi Hane Tsuki 朝霞跳突き

Furi Tsuki
振り突き
(Rotación y estocada)

El oponente ataca con el puño derecho, desde Kyo Migi Jodan no Kamae 虚右上段の構え evitar por fuera y recibir golpeando con la punta del bastón al Jakkin, agarrar la otra punta con la mano izquierda y golpear el punto vital derecho Koran 虎乱.

Soe Te Uchi
添手打
(Golpear acompañando/desviando la mano)

El oponente ataca con el puño derecho, desde Munen Muso no Kamae pasar a Tenchi Furi no Kamae 天地振りの構え y golpear desde arriba hacia abajo en el Jakkin, desde aquí puedes realizar Ashi Barai 足払, Do Uchi y Tsuki, y otras variantes.

Henka 変化 Variación:

El oponente ataca con el puño derecho, desde Munen Muso no Kamae evitar por el interior y agarrando la punta del bastón con la mano izquierda golpear el brazo del oponente desde la parte inferior desinflándolo haciendo que el oponente gire, golpear en el hombro hacia abajo, y pressionar con la rodilla derecha en la pierna derecha del oponente llevándolo en el suelo.

Kote Gaeshi Uchi

小手返し打ち

(Golpe inverso en la muñeca)

El oponente ataca con el puño derecho, desde Munen Muso no Kamae colocar el bastón en el brazo izquierdo y controlar el puño del oponente y bajarlo, colocar el bastón entre las piernas y agarrándolo con la mano izquierda tirar para hacer caer el oponente al suelo, chequear con Sokkotsu Ori.

Ate Gaeshi Ichi (Uchi Taoshi)
当返し一 (打ち倒し)

(Golpe de revés, uno; también llamado "Golpear y derribar")

El oponente ataca con doble agarre a la solapa, desde Kata Yaburi no Kamae dar un paso atrás con el pie derecho y arquear la espalda hacia atrás para golpear debajo de los brazos del oponente, luego avanzar con el pie derecho haciendo y con el izquierdo atrás golpear con Tsuki en el punto vital Suigetsu 水月 o golpear con Tate Uchi 立打 sobre la frente (golpe con el bastón en vertical).

Tate Uchi 立打

Ate Gaeshi Ni
当返し二
(Golpe de revés, dos)

El oponente ataca con una patada derecha, desde Kata Yaburi no Kamae anticipar avanzando ligeramente hacia afuera para golpear la tibia derecha del oponente mientras patea levantando ligeramente el bastón, arrodillándose sobre la pierna izquierda golpear con la extremidad derecha la rodilla izquierda del oponente.

Ate Gaeshi San
当返し三
(Golpe de revés, tres)

El oponente ataca con una patada derecha, desde Kata Yaburi no Kamae anticipar avanzando directamente con la pierna derecha y golpeando la pierna del oponente mientras patea levantando ligeramente el bastón, golpear con la punta izquierda el interior del muslo derecho de la pierna y luego a la izquierda, arrodillarse sobre la pierna izquierda para golpear el interior de la rodilla derecha por derribar al oponente, chequear apretando el tobillo derecho con el bastón.

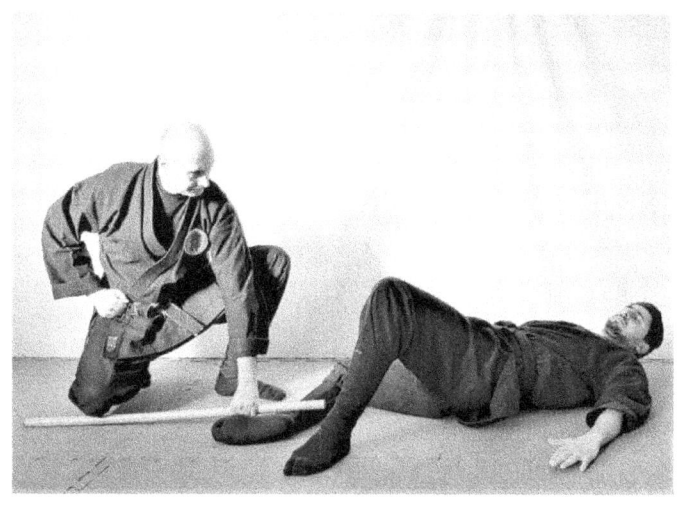

KIHON HAPPO
(Ocho métodos básicos)

El Kihon Happo 基本八法 es una forma básica dentro de la escuela Gyokko Ryu Koshijutsu, y se compone de Koshi Sanpo No Kata 骨指三法の型 "forma de los tres métodos de golpear con los huesos de los dedos" y Torite Goho No Kata 捕手五法の型 "forma de los cinco métodos de captura de la mano". Se dice que si no eres capaz de dominar esta forma, tus habilidades en las artes marciales no serán lo suficientemente buenas. También se dice que la miríada de técnicas de artes marciales nació de estas ocho técnicas básicas.

El Kihon Happo no se limita a el Kihon Happo del Gyokko Ryu Koshijutsu, pero hay latente dentro de las nueve escuelas. Al aprender del Kihon Happo, seguido por las técnicas del Juppo Sessho como una manera de auto defensa, también se puede aprender el uso del cuchillo, revólver y despertarse con el Sanshin no Kata en las tres direcciones utilizando el polvo cegador, Shuriken, y piedras, así como el combate con el bastón. Esto es para poder desarrollar la sensación básica del "combate real" Jissen 実戦.

Por medio del Kihon Happo y sus infinitas variaciones Banpen Henka 万変変化, no sólo en el combate a manos desnudas, sino también con armas, se necesitan años de práctica para poder entender completamente. Tiene que haber un equilibrio consciente e inconsciente en el entreno, no tienes que concentrarte sólo en el entreno técnico en sí, sino también en sus variantes, de lo contrario nunca entenderás los principios más profundos del Budo, en esa manera se mantienen las artes marciales vivas y siempre actual. De hecho, el verdadero Kihon Happo es algo de vivo, pensando en una de las enseñanzas básicas del budismo que es "La impermanencia de todas las cosas", todas las cosas cambian constantemente y nada es permanente. Las técnicas que se muestran a continuación son los del Taijutsu combate a manos desnudas Kihon Happo – Torite Goho no Kata y sus variantes aplicadas en el combate con el bastón corto Hanbo.

体術

Taijutsu

"Si solo puedes hacer Taijutsu 体術 (combate a manos desnudas), y no puedes usar armas, nunca lo entenderás (el Budo). El Taijutsu representa el primer tercio de lo que estudiamos. El estudio del uso de las armas como parte natural del Taijutsu representa los dos tercios restantes".

Masaaki Hatsumi

Omote Gyaku Dori

表逆捕り

(Captura de la torsión externa)

El oponente agarra la punta derecha del bastón con su mano derecha, girar el bastón hacia la izquierda colocando la llave articular Omote Gyaku, para evitar que el oponente deje el agarre, agarrar su mano o sus dedos con la mano derecha mientras se mantiene el agarre del bastón.

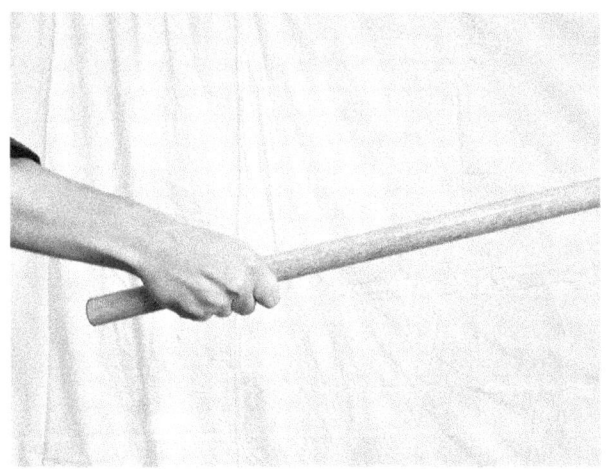

Omote Gyaku Uko Dori
表逆雨戸捕り

(Torsión externa captura de la puerta de la lluvia)

El oponente agarra la muñeca derecha con su mano izquierda, girar el bastón en el sentido horario para colocar Omote Gyaku, girar la punta para enganchar la muñeca y con la otra punta golpear el lado derecho del cuello del oponente en el punto vital llamado Uko, agarrar con la mano derecha el Omote Gyaku mientras se presiona con el bastón en el su cuello y llevarlo al suelo y chequear con este agarre.

Omote Gyaku Asami Dori
表逆狭み捕り
(Torsión externa captura de la estrecha)

El oponente agarra la muñeca derecha con su mano izquierda, girar la punta en el sentido horario para enganchar la muñeca, luego pasar la mano izquierda debajo de la muñeca del oponente agarrando la punta del bastón realizando un Sankaku Jime en la muñeca y con la otra punta golpear el lado derecho de la cara del oponente, presionar con el bastón para proyectar el oponente en el suelo y chequear con este agarre.

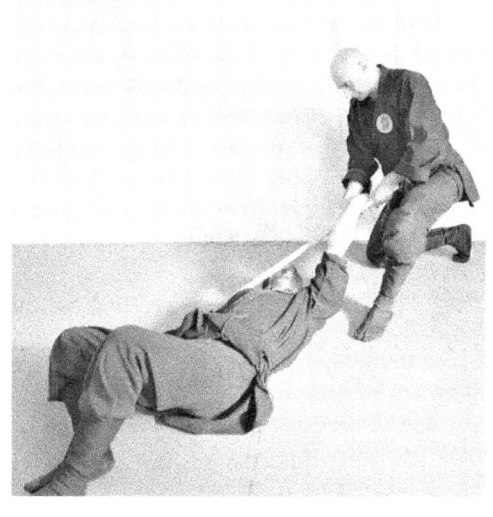

Hongyaku
本逆

(Llave articular regular)

El oponente con su mano izquierda agarra la punta izquierda del bastón, girar el bastón en el sentido horario colocando la llave articular Hongyaku.

Hongyaku Dori (Bo Gaeshi)
本逆捕り (棒返し)

(Captura de la llave articular regular, también llamada "Invertir el bastón")

El oponente agarra la punta izquierda del bastón con su mano derecha, girar el bastón en el sentido horario colocando la llave articular Hongyaku, para evitar que el oponente suelte el agarre, agarrar sus dedos mientras se mantiene el agarre del bastón con la mano izquierda.

Ura Gyaku Gata
裏逆型
(Forma de la torsión interna)

El oponente agarra la punta izquierda del bastón con su mano derecha, girar el bastón en el sentido horario colocando la llave articular Ura Gyaku agarrando la mano del oponente, como se practica en el Taijutsu (combate a manos desnudas), desde esta técnica se puede hacer infinitas variaciones junto con las técnicas de Hanbo.

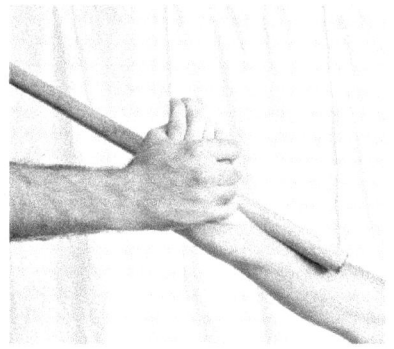

A) Eri Jime 襟締め (Estrangulación con la solapa).

B) Katate Nage 片手投げ (Proyección con una mano).

C) Ryoashi Dori 両足捕り (Captura de ambas piernas).

Ura Kote Gaeshi
裏小手返し
(Inversión de la muñeca interna)

El oponente agarra la muñeca derecha con su mano izquierda, desde Kata Yaburi no Kamae girar el bastón en sentido antihorario colocando la llave articular Ura Gyaku, mientras que el oponente suelta la mano, agarrar con la mano izquierda la suya mano haciendo la llave articular, golpear con el bastón el su tronco y ejecutar Tsuke Iri siempre manteniendo la llave articular Ura Gyaku, chequear.

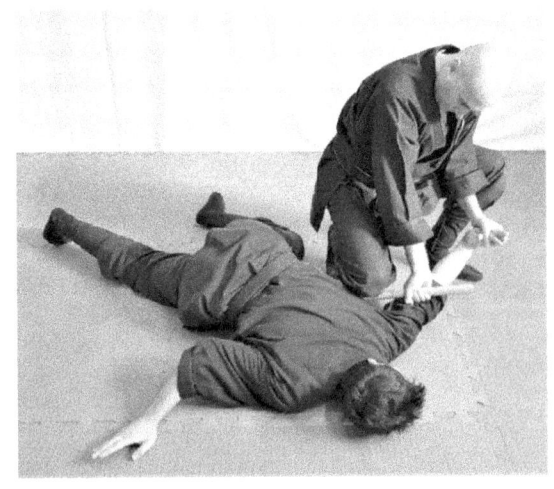

Take Ori
竹折り
(Romper el bambú)

El oponente agarra la punta derecha del bastón con su mano izquierda, girar el bastón en sentido antihorario colocando la llave articular Take Ori con la punta del bastón debajo de la muñeca.

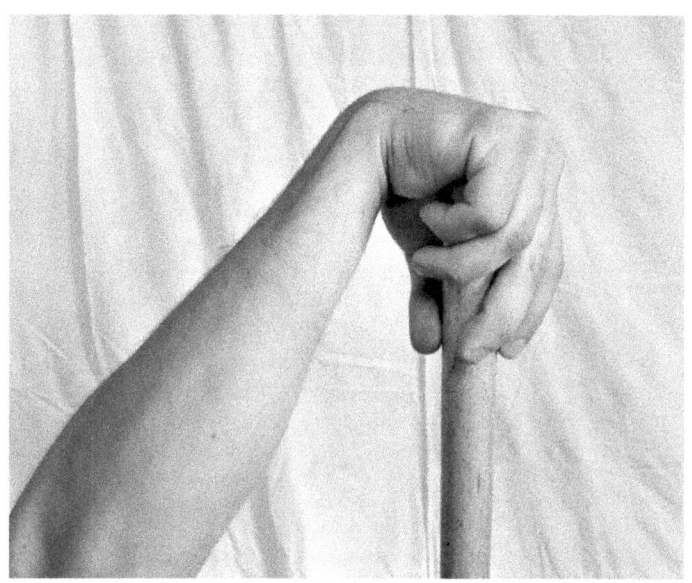

Take Ori Kata - Kobushi Dori
竹折型-拳捕り

(Forma para romper el bambú - captura del puño)

El oponente agarra la punta derecha del bastón con su mano izquierda, girar el bastón en sentido antihorario colocando la llave articular Take Ori con la punta del bastón debajo de la muñeca, continuando la rotación para llevar al oponente en el suelo usando la llave articular.

Musha Dori
武者捕
(Captura del guerrero)

El oponente ataca con un puño derecho, desde Kata Yaburi no Kamae evitar el golpe por dentro y hacer Mawashi Kote Uchi Ura, desde esta posición con la punta izquierda del bastón y el codo envolver el brazo del oponente en el sentido antihorario, moverse a lado y detrás de él llevando la llave articular en su brazo.

Juji Dori Ichi
十字捕り一
(Captura a cruce; uno)

El oponente con su mano derecha agarra el brazo izquierdo, desde Munen Muso no Kamae hacer un paso atrás con el pie izquierdo colocando el bastón bajo el brazo del oponente ejerciendo presión debajo del codo haciendo una palanca en el brazo y en esta manera se pondrá de puntillas para el dolor.

Juji Dori Ni
十字捕り二
(Captura a cruce; dos)

El oponente ejecuta Kumiuchi 組打, agarra la solapa con su mano izquierda y con su derecha la manga del brazo izquierdo, desde Kata Yaburi no Kamae inserir la punta izquierda del bastón en los brazos del oponente colocándolo sobre su brazo derecho y presionar debajo del codo izquierdo con la parte central del bastón realizando Juji Dori mientras se ejecuta Ura Gyaku en la su mano izquierda, desde esta posición pasar el bastón debajo el su brazo izquierdo y sobre el cuello del oponente, y luego con la mano izquierda agarrar la punta izquierda al lado del su cuello nuevamente para hacer un estrangulamiento, chequear.

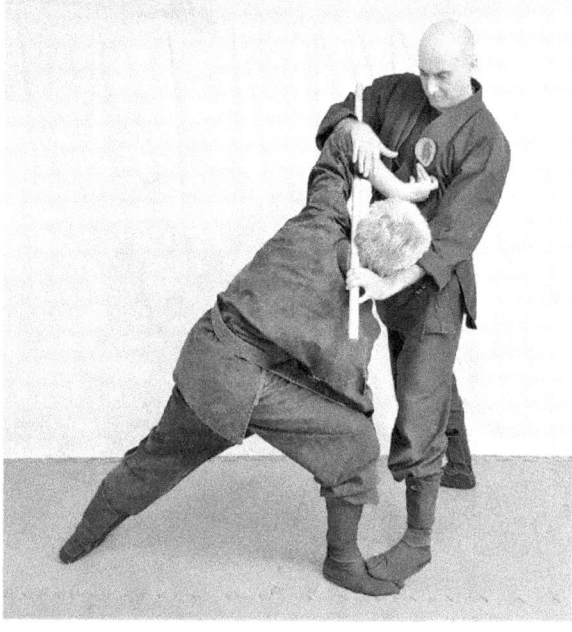

Oni Kudaki Dori
鬼砕き捕り
(Captura de la destrucción del demon)

El oponente ataca con el puño derecho, desde Kata Yaburi no Kamae hacer Naname Ushiro Ura Waki Uchi, inserir el bastón entre el tríceps y el antebrazo del oponente, bloqueando la muñeca izquierda con el nuestro brazo izquierdo, una vez puesta la llave con una rotación llevar el oponente en el suelo y chequear con la llave articular.

Oni Kudaki Henka
鬼砕き変化

Variantes de los tipos de Oni Kudaki, detalles:

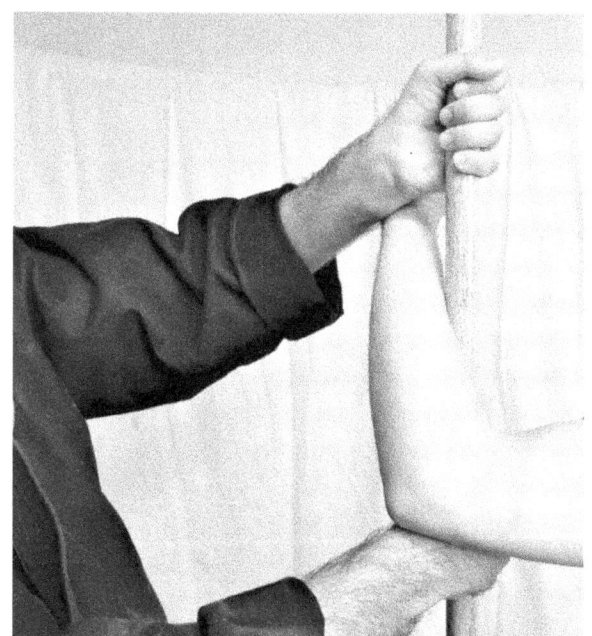

Omote Oni Kudaki
表鬼砕き
Destrucción del demon externa

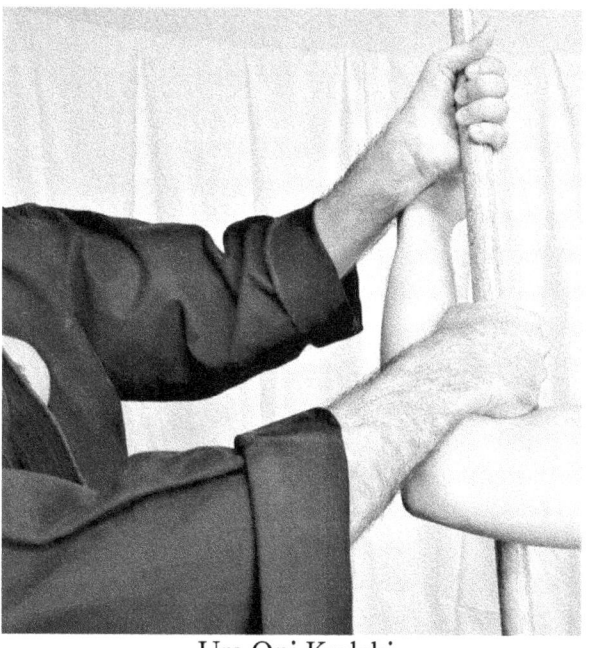

Ura Oni Kudaki
裏鬼砕き
Destrucción del demon interna

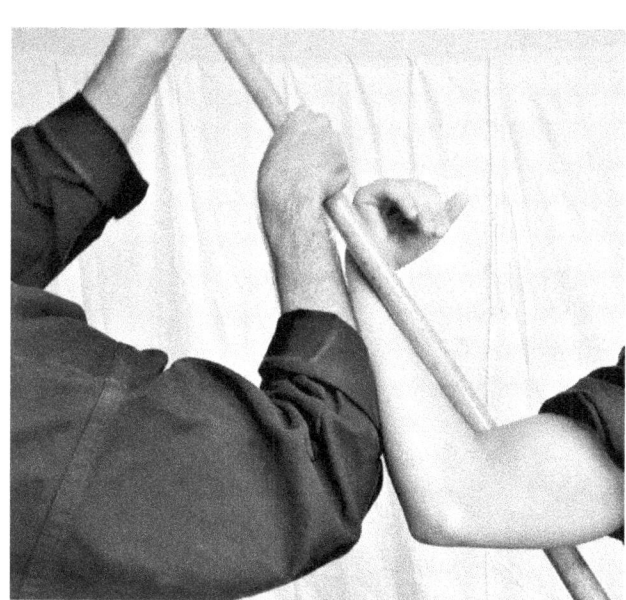

Tsuke Oni Kudaki
付け鬼砕き
Destrucción del demon adhiriéndose

Omote Gyaku Yori Oni Kudaki
表逆より鬼砕き
Destrucción del demon desde la torsión externa

Ashi Oni Kudaki / Sokki Kudaki
足鬼砕

(Destrucción del pie del demon)
Realizar Onikudaki en la pierna del oponente.

Omote Ashi Oni Kudaki
表足鬼砕き
Destrucción del demon externa del pie.

Ura Ashi Oni Kudaki
裏足鬼砕き
Destrucción del demon interior del pie.

Ashi Kudaki Yori Henka
足砕きより変化
(Variante de la destrucción del pie)

El oponente ataca con una patada frontal derecha, desde Kata Yaburi no Kamae bloquear la tibia del oponente entre la pierna derecha y el antebrazo derecho, desde aquí arrodillarse en la pierna izquierda y dejar el agarre con la mano izquierda golpeando la pierna izquierda con la punta izquierda del bastón, agarrar el bastón y colocar la punta derecha del bastón debajo de su rodilla, y proyectarlo con una rotación del bastón que presiona sobre su pierna.

Ganseki Nage
巖石投
(Lanzamiento de la gran roca)

El oponente ataca con el puño derecho, desde Kata Yaburi no Kamae hacer Naname Ushiro Ura Waki Uchi, insertar el bastón debajo del tríceps derecho del oponente, después insertar la pierna izquierda entre sus piernas y girar la espalda para proyectarlo.

Ganseki Otoshi

巖石落

(Caída de la gran roca)

El oponente ataca con el puño derecho, desde Kata Yaburi no Kamae hacer Naname Ushiro Ura Waki Uchi, inserir el bastón y la pierna como para realizar la técnica Ganseki Nage, como el oponente resiste, bajarse repentinamente sobre la rodilla derecha presionando con el bastón hacia adelante y hacia abajo, bloqueando la pierna derecha del oponente con la pierna izquierda y derribarlo.

Ganseki Otoshi Makikomi
巖石落卷込
(Caída de la gran roca envolver)

El oponente ataca con el puño derecho, desde Kata Yaburi no Kamae hacer Naname Ushiro Ura Waki Uchi, inserir el bastón y la pierna como para realizar la técnica Ganseki Nage, como el oponente resiste, dejar el agarre con la mano derecha y agarrar la punta superior girando la muñeca izquierda, hacer una palanca para llevar el oponente al suelo arrodillándose sobre la pierna izquierda, así que el oponente golpeará con la cara contra la nuestra rodilla derecha.

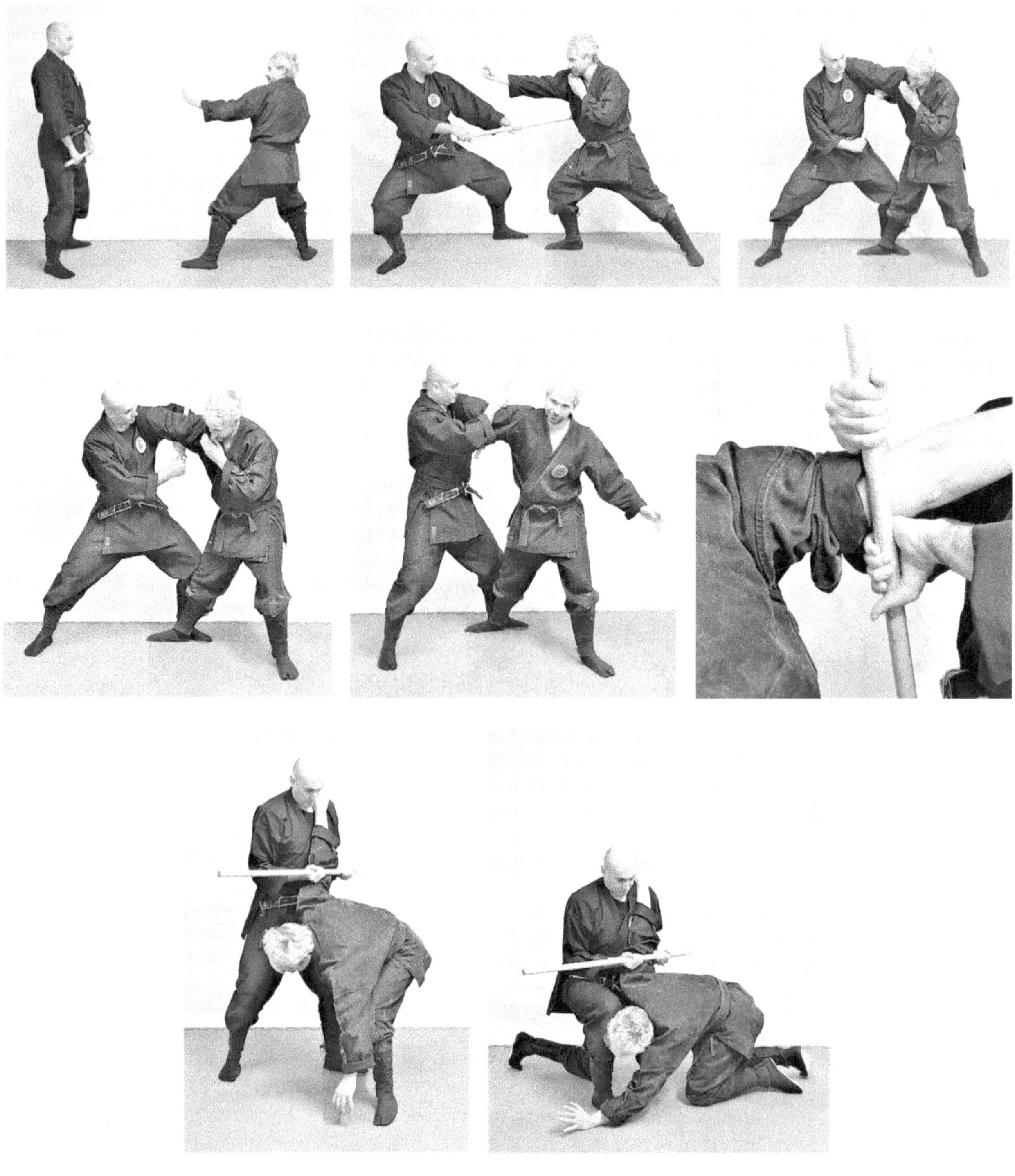

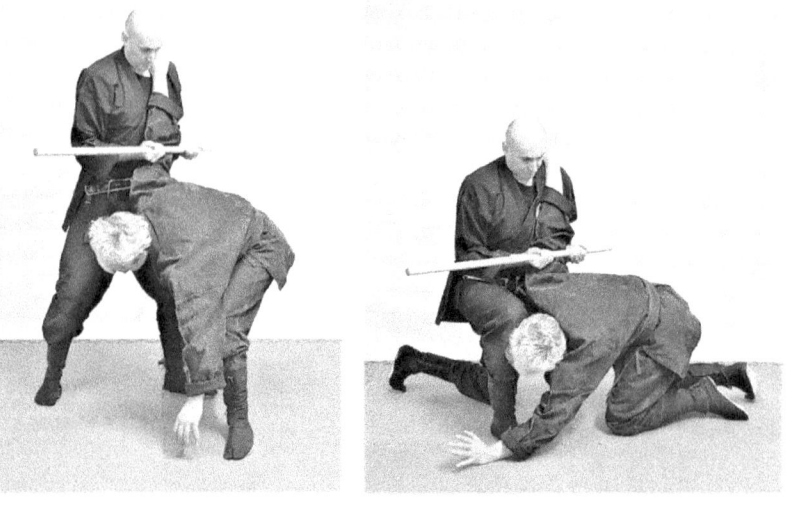

Ganseki Otoshi Garami (Makiage)
巖石落搦 (巻き上げ)

(Caída de la gran roca atando, también llamada "Enrollar")

El oponente ataca con el puño derecho, desde Kata Yaburi no Kamae hacer Kote Uchi Omote, luego bloquear el brazo del oponente entre el bastón y el brazo izquierdo, envolver el su brazo desde abajo hacia arriba atrás de su espalda y chequear con la llave articular en el su hombro.

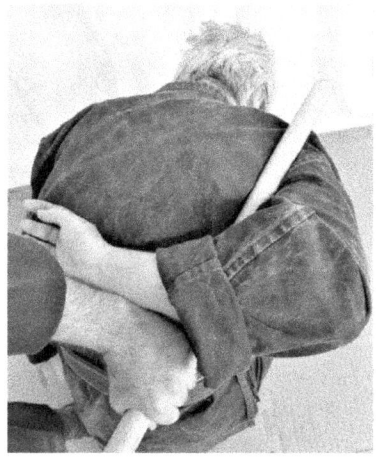

Variante en el chequeo; Tsuki en el punto vital Butsumetsu 仏滅

Variante en el chequeo; llevar al oponente en el suelo y bloquear la muñeca con la mano izquierda, en esta posición también puedes defender desde un ataque de otro oponente.

Ude Garami Omote
腕絡み表
(Atar el brazo, externo)

El oponente ataca con el puño derecho, desde Kata Yaburi no Kamae evitar por fuera, dejando el agarre con la mano izquierda absorbir el puño con Nagashi Uke 流し受け enganchándolo entre la muñeca derecha y la punta del bastón, agarrar con la mano izquierda la punta derecha para realizar un Sankaku Jime en la muñeca bloqueándola en un agarre doloroso.

Gyaku Ude Garami
逆腕絡み
(Atar el brazo invertido)

El oponente golpea con un gancho, desde Kata Yaburi no Kamae evitar por fuera golpeando con la punta derecha del bastón debajo del tríceps del oponente. El oponente cierra su brazo para bloquear el bastón, de repente dejar el agarre con la mano izquierda y agarrar la parte del bastón que sobresale, girar el bastón detrás de la espalda del oponente llevando la llave articular a su hombro, chequear.

Muso Dori
武双捕
(Captura pareja marcial)

El oponente agarra el brazo izquierdo con su mano derecha, desde Kata Yaburi no Kamae pasar el bastón debajo el codo derecho del oponente, dejar el bastón con la mano derecha y agarrar nuevamente el bastón sobre el codo del oponente, girar de abajo hacia arriba ir hacia atrás para poner el su brazo en palanca arrodillarndose sobre la pierna izquierda, haciendo que la cara del oponente golpee la nuestra rodilla.

Jigoku Dori Ichi
地獄捕り一
(Captura infernal, uno)

El oponente agarra el brazo derecho con su mano izquierda, desde Munen Muso no Kamae, realizar una palanca pasando el bastón por debajo del codo izquierdo del oponente, agarrar la punta superior del bastón con la mano izquierda y presionar con la punta inferior dentro de la rodilla izquierda para llevar el oponente en el suelo, chequear con la palanca en su brazo.

Jigoku Dori Ni

地獄捕り二

(Captura infernal, dos)

El oponente agarra el brazo derecho con su mano izquierda, desde Munen Muso no Kamae, realizar una palanca pasando el bastón por debajo del brazo del oponente y agarrar la punta superior del bastón con la mano izquierda, con la punta inferior presionar dentro de la rodilla izquierda, agarrar la punta del bastón por detrás de su rodilla con la mano izquierda y chequear.

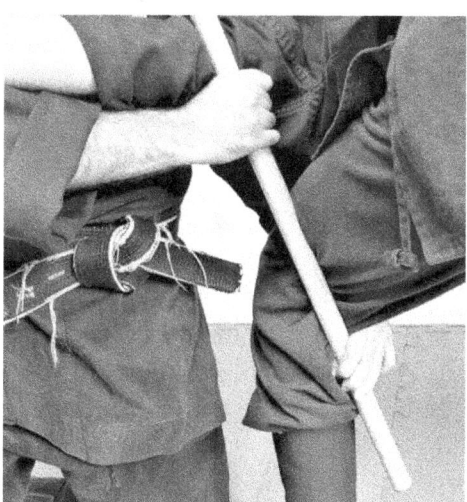

投げ型

NAGE KATA
(Forma de las proyecciones)

空間
Kukan

"Para proyectar a alguien, debes controlar el Kukan, llevar al oponente al punto en que es fácil de lanzar. Cuando lances a alguien, llévalo al punto donde se cae fácilmente. De esta forma se proyectarás a si mismo, por favor juega con el Kukan para descubrir este punto".

Masaaki Hatsumi

Katate Nage
片手投
(Proyección con una sola mano)

El oponente ataca con el Kodachi y realiza una estocada, desde Kata Yaburi no Kamae salir por fuera y agarrar la muñeca del oponente con la mano derecha y con la mano izquierda golpear con la punta izquierda del bastón contra el su cuello, levantar el su brazo y pasar por debajo y lanzar girando su muñeca.

Morote Nage (Awase Nage)
諸手投げ (合わせ投げ)

(Proyección a dos manos, también llamada "Proyección en armonía")

El oponente agarra la punta del bastón con ambas manos, en armonía con la fuerza del oponente, redirigr su fuerza para proyectarlo; usando la su mano derecha como pivote, girar el bastón hacia la izquierda sobre su cabeza para proyectarlo. Se puede agarrar los dedos o presionar con la uña sobre los dedos del oponente para evitar que deje el agarre.

Morote Otoshi
諸手落とし
(Caída a dos manos)

El oponente agarra la punta del bastón con ambas manos, usar la mano derecha del oponente como punto de apoyo para girar el bastón en sentido antihorario sobre su cabeza y colocar la pierna derecha detrás de su pierna derecha, causando que caiga en el suelo, desde aquí, chequear con la punta del bastón que presiona la su garganta, si él ataca con una patada golpear con el bastón el interior del muslo y luego el tobillo del pie que patea.

Uchimata
内股
(Interno del muslo)

El oponente ataca con el puño izquierdo, desde Kata Yaburi no Kamae hacer Naname Ushiro Omote Waki Uchi y agarrar su muñeca izquierda con la mano derecha, inserir la punta derecha del bastón entre el brazo y las piernas del oponente y bloquear el suyo brazo haciendo palanca entre el bastón y el nuestro lado derecho, moviéndose hacia adelante y hacia un lado para patear dentro del muslo para proyectar al oponente.

Hane Kurui
跳ね狂い
(Salto loco)

El oponente ataca con el puño derecho al abdomen, desde Munen Muso no Kamae evitar por fuera y golpear envolviendo el bastón y el brazo del oponente debajo del nuestro y golpear su torso, con el pie izquierdo barriendo desde el interior del pie delantero del oponente haciéndolo caer en el suelo y chequear, si el oponente da vuelta golpear con una estocada.

Gaeshi Do

返し胴

(Rotación del torso)

El oponente ataca con el puño derecho, desde Munen Muso no Kamae hacer Jodan Nagashi Uke 上段流し受け (no es un bloqueo, debe absorber el puño deslizándolo sobre el antebrazo desviándolo) levantar el brazo del oponente y luego golpear el torso con el bastón, pasar el bastón por debajo de los brazos para realizar un Dojime 胴締, comprimiendo las últimas costillas, pasar las caderas y hacer una proyección con las caderas invertidas; Harai Goshi Gyaku Otoshi 払腰逆落.

Tomoe Nage

巴投げ

(Proyección de coma)

El oponente agarra el bastón con ambas manos y empuja hacia adelante, desde la posición de Kata Yaburi no Kamae, usando el empuje del oponente bloquear las sus manos y hacer Tate Nagare colocando la planta del pie en su cadera para lanzarlo.

 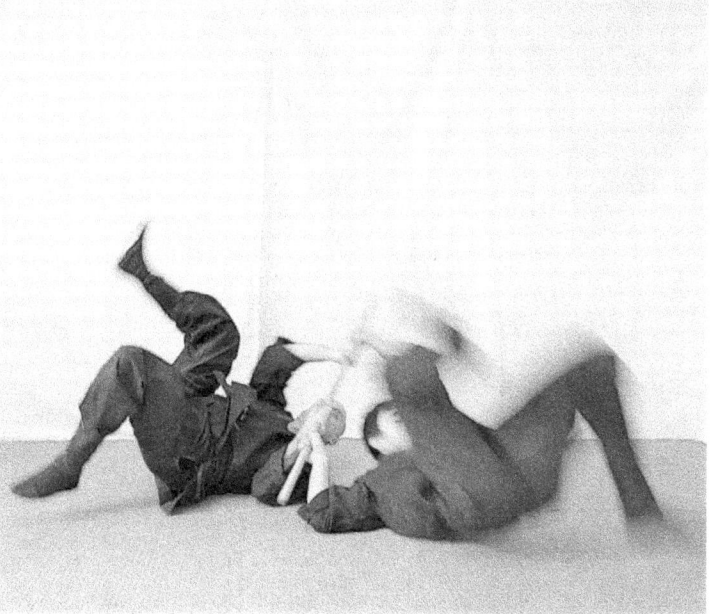

Tomoe Gaeshi Ashi Dori Osae
巴返し足捕り押さえ
(Proyección en coma chequeo con captura de la pierna)

El oponente agarra el bastón con ambas manos y empuja hacia adelante, desde la posición Kata Yaburi no Kamae, aprovechando del su empuje para realizar Tate Nagare apoyando la planta del pie en su cadera para proyectarlo, el oponente evita la proyección, desde esta posición en el suelo, mantener el agarre con la mano derecha y con la mano izquierda tirar el su tobillo para hacer que caiga en el suelo. Con la mano que agarra el bastón girar el bastón para poner la mano del oponente en Ura Gyaku, y con el brazo izquierdo envolver el su pie izquierdo para hacer una llave articular.

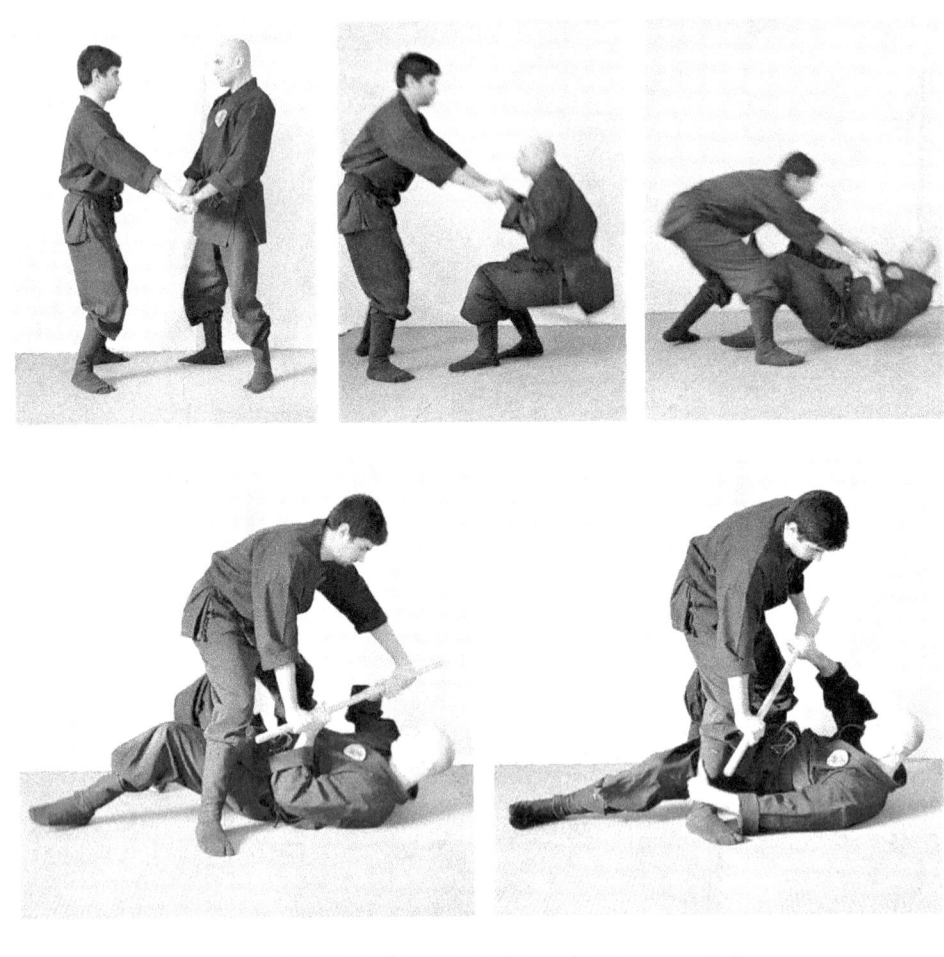

胸捕り型

MUNA DORI KATA
(Forma agarres de solapa)

間合い
Maai

"Debemos aprender a usar el espacio entre nosotros y el oponente. ¡La distancia es muy importante!".

Masaaki Hatsumi

Katate Dori
片手捕り
(Captura de una mano)

El oponente agarra la solapa con su mano izquierda, desde Kata Yaburi no Kamae deslizar el bastón en la mano derecha dejándolo con la mano izquierda y colocando la punta izquierda del bastón sobre la muñeca del oponente, agarrar el bastón nuevamente con la mano izquierda y realizar Kotsu Itami Dori (agarrare doloroso del hueso), y llevar al oponente en el suelo boca abajo.

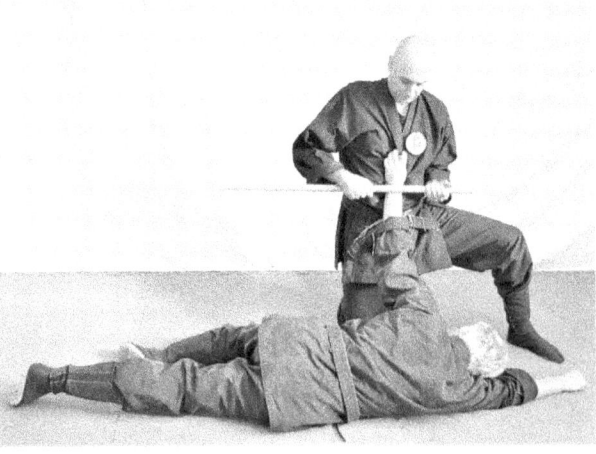

Hiki Otoshi

引き落とし

(Tirar y bajar)

El oponente agarra la solapa con su mano derecha, desde Munen Muso no Kamae hacer un Sankaku Jime en la muñeca del oponente con el bastón, tirar y bajar llevando el oponente al suelo.

Karame Dori

搦め捕り

(Capturar y atar)

El oponente agarra la solapa con su mano derecha, desde Kata Yaburi no Kamae hacer un Sankaku Jime a la muñeca del oponente con el bastón y bajar, dejar el agarre de la mano derecha, golpear a su cabeza con el bastón, agarrar el bastón nuevamente con la mano derecha al lado de la cabeza del oponente, realizando un Shime con el bastón y el brazo.

Ryote Karame (Ryote Garami Dori)
両手搦め (両手絡み捕り)

(Atar ambas manos, también llamada "Capturar atando ambas manos")

El oponente realiza un doble agarre a la solapa, desde Kata Yaburi no Kamae bloquear ambas las muñecas del oponente con Sankaku Jime realizando con el bastón Kotsu Itami Dori, inserir las caderas al levantar de los brazos, desde esta posición se puedes chequear a través la palanca o proyectar.

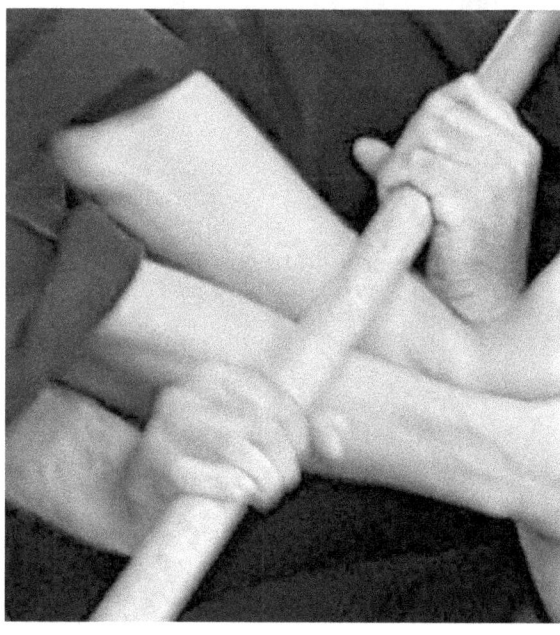

手解き型

TEHODOKI KATA
(Forma para liberar las manos)

動き
Ugoki
"No son solo tus manos, tienes que mover todo tu cuerpo".

Masaaki Hatsumi

Kote Gaeshi

小手返し

(Torcer la muñeca)

El oponente agarra la muñeca derecha con su mano izquierda, desde Kata Yaburi no Kamae hacer un paso hacia atrás con el pie izquierdo, pasar el bastón desde afuera bloqueando la mano del oponente con la mano izquierda mientras se presiona con el pulgar se hace la llave articular Ura Gyaku presionando con el bastón sobre el hueso, desde este agarre chequear el oponente.

Kasumi Uchi

霞打ち

(Golpe de la niebla)

El oponente ataca agarrando la muñeca derecha con su mano izquierda, desde Kata Yaburi no Kamae, hacer un paso atrás con el pie derecho y golpear con la punta izquierda del bastón en el punto vital derecho Kasumi. Dando un paso atrás con el pie izquierdo girando la punta derecha del bastón en el sentido horario para colocar la punta derecha del bastón sobre la muñeca del oponente desde esta posición, dejar el agarre con la mano izquierda y agarrar el bastón pasando la mano debajo de la muñeca del oponente agarrando la punta derecha y hacer un Sankaku Jime en la muñeca bloqueandola en un agarre doloroso.

Ude Gaeshi
腕返し
(Torcer el brazo)

El oponente ataca agarrando la muñeca derecha con su mano izquierda, desde Kata Yaburi no Kamae, hacer un paso con el pie derecho dejar el bastón con la mano izquierda girando el bastón en el sentido antihorario, colocarlo sobre la muñeca del oponente, desde esta posición, nuevamente agarrar el bastón con la mano izquierda, hacer presión sobre la muñeca bloqueándola en un agarre doloroso, arrodillarse sobre la pierna izquierda tirando el oponente al suelo, y chequear.

Ryote Dori
両手捕り
(Capturar ambas manos)

El oponente ataca agarrando ambas muñecas con ambas sus manos, desde Kata Yaburi no Kamae, dejar el bastón con la mano izquierda, girar el bastón en el sentido horario para colocarlo sobre las muñecas del oponente desde esta posición agarrar nuevamente el bastón con la mano izquierda, pasándola por debajo de las muñecas del oponente, bloquear sus muñecas con Sankaku Jime en un agarre doloroso.

後捕り型

USHIRO DORI KATA
(Foma de agarres por detrás)

残心
Zanshin
"No se debe pensar solo en nuestro adversario, se debe controlar todo lo que nos rodea".
Masaaki Hatsumi

Ushiro Dori Dojime
後捕り胴締み
(Captura desde atrás apretar el torso)

El oponente agarra por detrás de la altura de los hombros, desde Kata Yaburi no Kamae bajar las caderas y romper el agarre presionando debajo del su codo con el codo izquierdo, pasar detrás del oponente y agarrar con el bastón realizando un Dojime poniendo el hombro detrás de la espalda y tirar el bastón para comprimir el abdomen, hacer una palanca con el cuello a su brazo, chequear.

Ushiro Dori Ashi Dori (Benkei Dori)
後捕り足捕り (弁慶捕)

(Captura desde atrás captura de la pierna, también llamada "Capturar la tibia")

El oponente agarra desde atrás, desde Kata Yaburi no Kamae romper el agarre de los brazos bajando las caderas y levantando los codos, inserir el bastón detrás de la pierna del oponente, agarrar el bastón nuevamente y tirar hacia arriba sentándose en su pierna para hacer caer el oponente por la espalda, chequear manteniendo la palanca en la su pierna.

Taiboku Taoshi
大木倒し
(Derribar el gran árbol)

El oponente ataca desde atrás con un agarre en el torso, desde la posición de Kata Yaburi no Kamae, golpear con las caderas y con la cabeza hacia atrás, colocar un pie detrás de las piernas del oponente y realizar un Dojime con el bastón para romper las costillas en el punto vital llamado Butsumetsu. Bajar rápidamente y con el bastón tirar ambas las piernas para llevar al suelo el oponente, chequear con Itami Osae en las sus tibias.

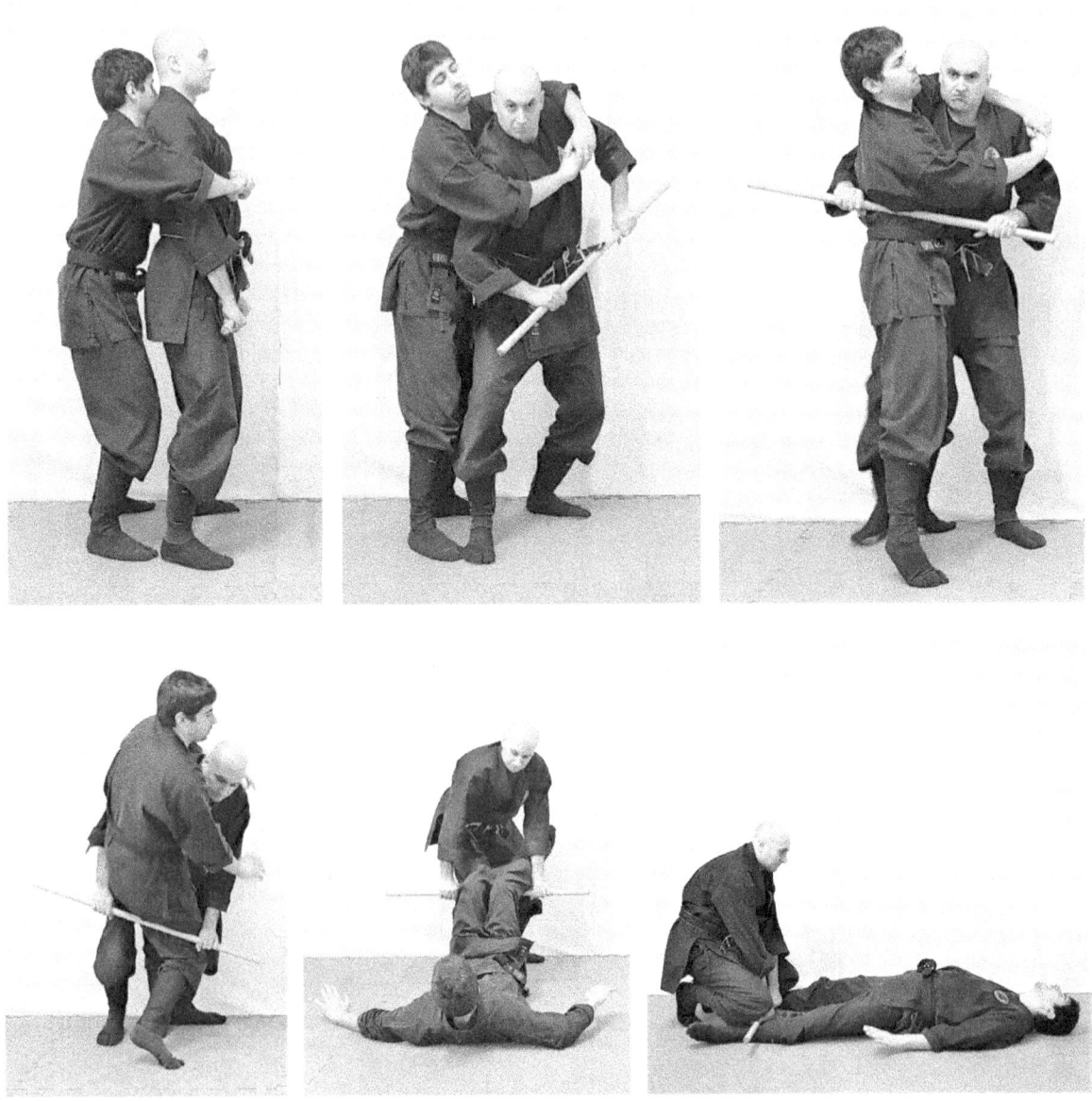

Tawara Taoshi
俵倒し
(Derribar la paca de heno)

El oponente ataca desde atrás con un agarre en el torso, desde la posición de Kata Yaburi no Kamae, dejar el bastón con la mano izquierda, pasar el bastón por detrás del oponente y agarrar nuevamente con la mano izquierda el bastón, desde esta posición tirar para hacer que la espalda del oponente se arquee, una vez que se rompe el agarre se puede realizar cualquier técnica como Tsuke Iri o Koshi Ori para llevar el oponente al suelo.

突き返し型

TSUKI GAESHI KATA
(Forma de contra puños)

小蝶

Kocho
"Evitar como una mariposa".

Masaaki Hatsumi

Durante su segundo viaje a China, el Soke Takamatsu, conoció a Cho Shiro, un guerrero de Kung Fu Shaolin muy fuerte y famoso que podría levantar un tronco 100 veces al día como entrenamiento y fue la guardia personal de Cho Sajurin, un importante figura política que murió en una explosión durante un ataque. Èl desafió Takamatsu dos veces, Takamatsu dos veces no aceptó. Una noche, Takamatsu tuvo un sueño donde una mariposa Kocho 小蝶 evitó todos los ataques de un gigante demon Oni 鬼. Al día siguiente fue desafiado nuevamente, esta vez Takamatsu aceptó. En combate, Takamatsu evitó los ataques de Cho como una mariposa hasta que Cho bajó la guardia. En ese momento el combate terminó, a partir de ese momento Cho y Takamatsu se convirtieron en amigos marciales Buyu 武友.

Ate

(Golpe)

El oponente ataca con un puño derecho, desde Kata Yaburi no Kamae bajar y golpear hacia arriba debajo de la muñeca del oponente con el centro del bastón, realizar un Kikaku Ken en el Butsumetsu y golpear en el mismo punto con la parte central del bastón y luego realizar un Sankaku Jime con el bastón en el torso del oponente y chequear.

Ryou Ashi Dori

両脚捕

(Capturar ambas piernas)

El oponente ataca con un puño derecho, desde Kata Yaburi no Kamae levantar el bastón y golpear el antebrazo del oponente, bajando su brazo, dejar el bastón con la mano izquierda, y yendo detrás de él, agarrar el bastón de nuevo, tirar los tobillos con el bastón y empujar con el hombro por hacer caer el oponente hacia adelante, chequear presionando con el bastón en sus tobillos.

Kasumi Uchi
霞打ち
(Golpe de la niebla)

El oponente ataca con el puño derecho, desde Kata Yaburi no Kamae golpear el Kote con la punta derecha del bastón desviando el puño moviendo el peso del cuerpo sobre la pierna izquierda, golpear la sien derecha del oponente con la punta izquierda del bastón. (Variación Henka 変化, golpear directamente la sien colocando el antebrazo izquierdo debajo del bastón).

Henka 変化 variación.

Ashi Kudaki
足砕き
(Destrucción de la pierna)

El oponente ataca con un puño derecho, desde Munen Muso no Kamae bajar sobre la rodilla izquierda (Moguri Kata 潜型) golpear el interior del tobillo del oponente con la punta superior, levantándose envolver el brazo del oponente y poner la punta inferior del bastón detrás de su rodilla derecha pisoteando su pie, con la otra mano sujetando el brazo izquierdo del oponente y girarlo para hacerlo caer de espalda, desde esta posición hacer Ashi Ude Kudaki 足腕砕き romper el brazo y la pierna del oponente.

Muna Kudaki
胸砕き
(Ruptura del pecho)

El oponente ataca con el puño derecho, desde Munen Muso no Kamae recibir el puño realizando Bokote Gaeshi 棒小手返し, pasando el bastón entre el brazo y detrás de la espalda del oponente y agarrando la otra punta del bastón colocando el brazo izquierdo sobre el pecho del oponente y en esta posición ejecutar Do Jime.

Bokote Gaeshi 棒小手返し

Hagai Jime
羽交い締め
(Atar las alas)

El oponente ataca con un puño derecho, desde Kata Yaburi no Kamae realizar Naname Ushiro Omote Waki Uchi, con el brazo derecho pasar el bastón debajo el brazo derecho del oponente pasando por detrás de su cuello, y con el otro brazo pasar por debajo del su brazo izquierdo para agarrar nuevamente la punta del bastón, bloqueando sus brazos para hacer una compresión en el su cuello con el bastón (en la práctica, para no hacer daño al compañero, la compresión debe ser gradual).

Kyoukotsu Kudaki

胸骨砕

(Destruir el esternón)

El oponente ataca con el puño derecho, desde Kata Yaburi no Kamae hacer Naname Ushiro Omote Waki Uchi, dejar el bastón con la mano izquierda y colocarlo entre el torso y el brazo del oponente, ir detrás del oponente y agarrar otra vez la punta del bastón con la mano izquierda y hacer Do Jime con el bastón presionando el esternón (en la práctica, para no hacer daño al compañero, la compresión debe ser gradual).

蹴り返し型

KERI GAESHI KATA
(Forma de contra patadas)

足捌き
Ashisabaki

"Lo primero de lo que debes pensar es en el movimiento de los pies, el bastón es secundario. Si tu propio movimiento de pies es correcto, el bastón seguirá naturalmente".

Masaaki Hatsumi

Ashi Kujiki
足挫き
(Fracturar la pierna)

El oponente ataca con una patada frontal izquierda, desde Kata Yaburi no Kamae golpear con el bastón usando la mano izquierda debajo del muslo del oponente, pasar el bastón debajo de su pierna bloqueando su tobillo dentro de tu propio antebrazo, sujetando otra vez con la mano derecha el bastón en un agarre doloroso en el tobillo del oponente poniéndolo en una llave articular.

Ashi Kujiki Henka
足挫き変化
(Fracturar la pierna variación)

Si el oponente ya está con el pie de la patada en el suelo, arrodillarse y golpear la pierna trasera en el punto vital de Kaku sujetando el bastón con una mano, agarrar la otra punta del bastón detrás de su rodilla y cambiar la rodilla de soporte y colocar la su pierna en una llave articular, chequear.

Ashi Ori
脚折
(Romper la pierna)

El oponente ataca con una patada frontal derecha, desde Kata Yaburi no Kamae evitar por dentro arrodillandose y dejando el agarre del bastón con la mano izquierda, agarrar el tobillo del pie derecho del oponente, con el bastón golpear dentro de su rodilla izquierda pasar el bastón por el su tobillo derecho, bloqueándola entre el bastón y la muñeca izquierda, colocándola en una llave articular y chequear.

Ashi Dori
足捕
(Captura de la pierna)

El oponente ataca con una patada frontal alta, desde Kata Yaburi no Kamae evitar por dentro y con la punta izquierda del bastón enganchar la pierna del oponente debajo de su rodilla, girar la columna y empujar con el bastón para lanzar el oponente al suelo.

Ashi Garami

足搦

(Atar la pierna)

El oponente ataca con una patada frontal a media altura, desde Kata Yaburi no Kamae evitar por fuera y enganchar el tobillo del oponente con la punta derecha del bastón y hacer Sankaku Jime en el su tobillo.

Ashi Gatame
足固め
(Bloquear el pie)

El oponente ataca con una patada hacia adelante derecha, desde Kata Yaburi no Kamae hacer un paso hacia atrás con el pie izquierdo y enganchar la pierna del oponente entre la punta izquierda del bastón y la muñeca izquierda, dejar el agarre del bastón con la mano derecha para hacer un Sankaku Jime para bloquear el tobillo del oponente entre las muñecas y el bastón en un agarre doloroso.

Otonashi
音無し
(Sin ruido)

El oponente ataca con una patada frontal derecha de altura media, desde Otonashi no Kamae evitar por fuera ligeramente colocando la punta derecha del bastón debajo de la pierna del oponente y girando en sentido antihorario para lanzarlo, bloquear el tobillo arrodillándose sobre él y hacer una estocada.

逮捕術

Taihojutsu
(Arte de captura)

手足
Teashi
"Cuando tienes un bastón en la mano, no te olvides de tener las otras extremidades".
Masaaki Hatsumi

Jowan Ori
上腕折り

(Romper la parte superior del brazo)

Presionar con el peso del cuerpo encima de la rodilla derecha sobre el bastón sujetando la punta superior con la mano derecha para que no resbale, presionar el tríceps del oponente, mientras tiras con la mano izquierda la muñeca del oponente hacia arriba poniendo una palanca en el brazo.

Hiji Ori
肘折
(Romper el codo)

Presionar con el peso del cuerpo encima de la rodilla derecha en el Kyusho Jujiro 十字路, agarrando la muñeca del oponente con la mano izquierda, mientras tiras el bastón con la mano derecha que está debajo del su tríceps, presionando el codo del oponente para romperlo.

Zenwan Ori
前腕折
(Romper el antebrazo)

Presionar con el peso del cuerpo encima de la rodilla izquierda en el bastón que presiona el radio del oponente mientras se sujeta el bastón con la mano derecha porque no deslize, con la mano izquierda agarrar la muñeca del oponente y presionar con la punta del pie derecho en las costillas, para mantenerlo fiermo para evitar que patee.

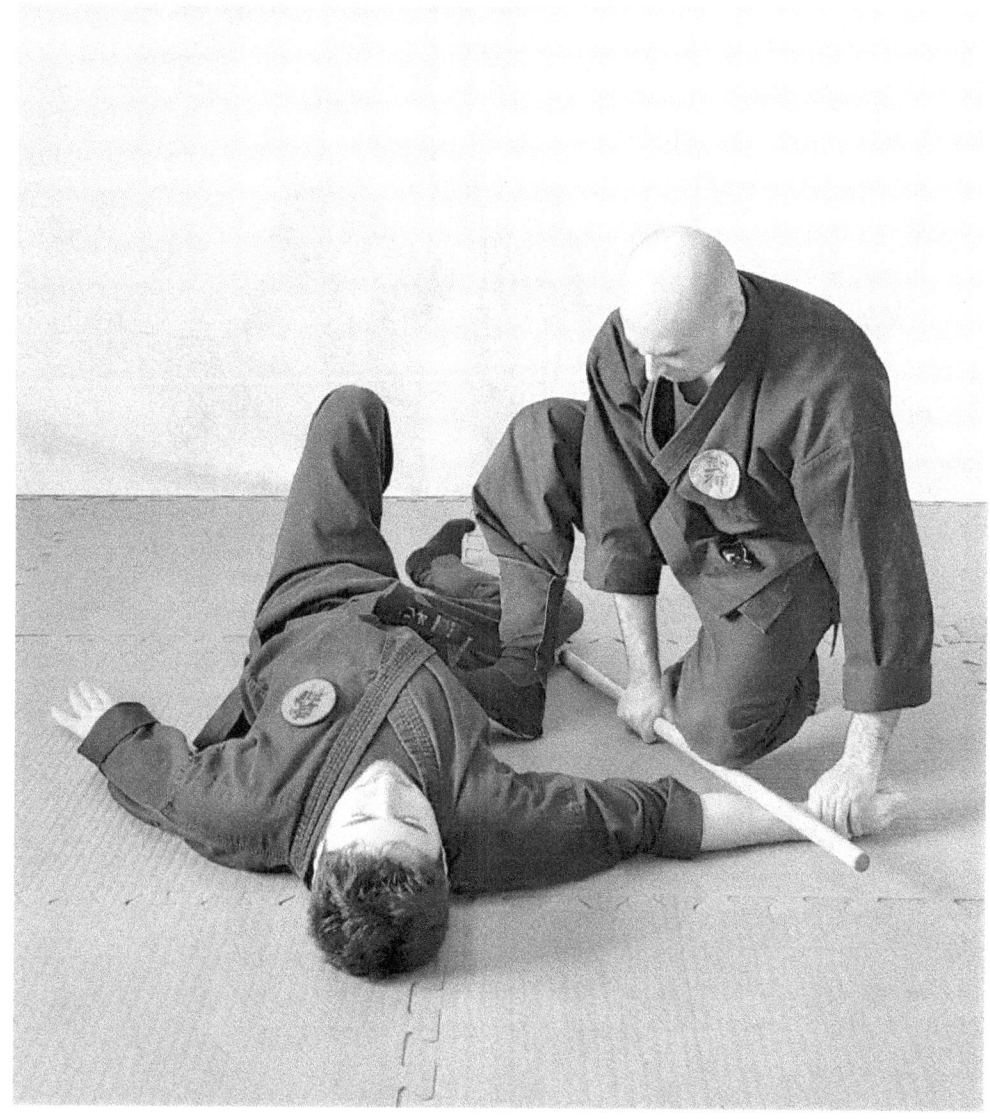

Sokkotsu Ori

足骨折

(Romper el tobillo)

Presionar con el peso del cuerpo encima de la rodilla derecha en el bastón que presiona detrás del tobillo derecho del oponente, mientras se hace una palanca en su tobillo izquierdo con la nuestra rodilla izquierda asegurándolo entre el antebrazo izquierdo y el bastón con una presión dolorosa sobre en su tibia.

Ryote Ori

两手折

(Romper ambos brazos)

Presionar con el peso del cuerpo encima del bastón con la rodilla izquierda presionando en el bíceps derecho del oponente, mientras se hace una llave articular del tipo Onikudaki se realiza con las manos sobre el otro brazo, al mismo tiempo se aplica una presión en la garganta con el codo izquierdo.

Ogyaku
大逆
(Gran torsión)

Inserir el bastón entre el lado derecho del cuello del oponente y su brazo derecho haciendo una palanca sobre el su hombro, tirar su muñeca derecha con la nuestra mano izquierda, mientras el su brazo izquierdo queda bloqueado con la nuestra pierna izquierda.

Shintou

震盪

(Choque)

Sentado en la espalda del oponente bloquear sus brazos con el bastón y arquear la su espalda, desde esta posición puedes patear la cara del oponente o presionar el bastón en su cuello.

Itami Osae
痛み押え
(Chequeo doloroso)

Las técnicas conocidas como Itami Osae 痛み押え son chequeos en el suelo donde se hace presión con el peso del cuerpo en los puntos vitales, los músculos y los huesos Kotsu Itami Osae 骨痛み押え y también se pueden combinar con las llaves articulares y las palancas, hay varias aplicaciones:

Jakkin 弱筋

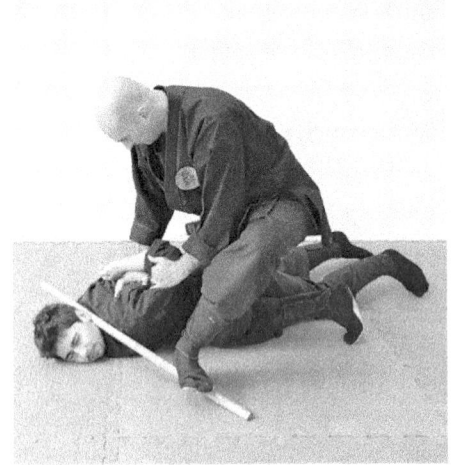

Kubi 首

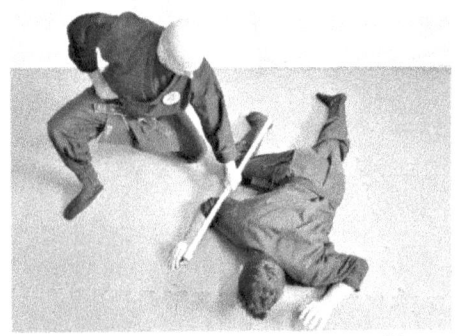

Gaisai to Jakkin 外谷と弱筋

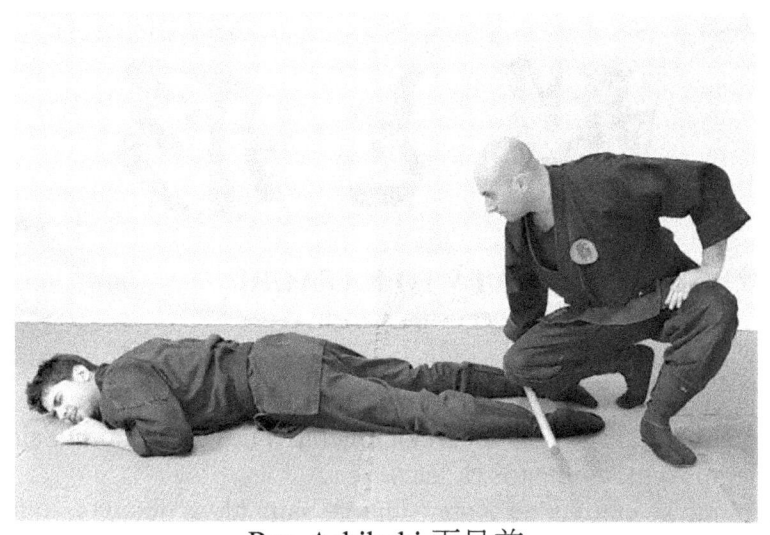

Ryo Ashikubi 両足首

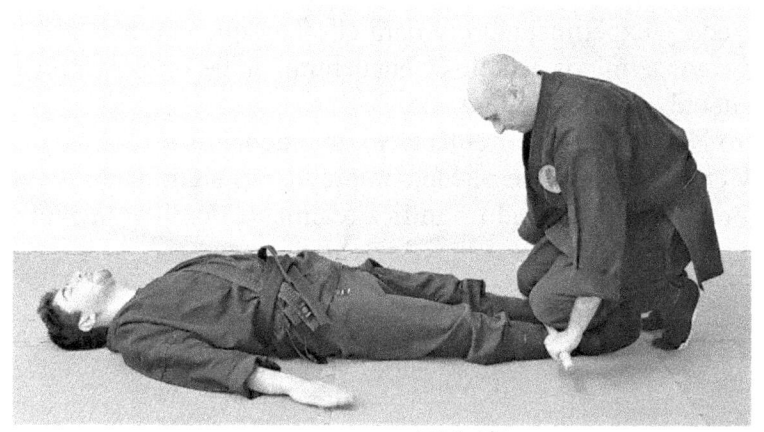

Ryo Benkei 両弁慶

Naisai Itami Osae Ashi Ori 内谷痛み押え足折

KATA TO KATACHI
(Forma y forma)

El ideograma Kata 型 está formado por el radical Tsuchi 土 "Terreno" que está conectado con Doji no Kami 土地の神 la divinidad de la tierra, que la gente rezaba para haber beneficios, aquí vemos la inspiración divina para la transmisión del conocimiento a través de la imitación de la forma o una secuencia de movimientos o movimientos rituales.

No importa lo mucho que se entrena un Kata, siempre falta algo, que es lo que se encuentra en su forma evolucionada el Katachi 形, el Kata realizado con el sentimiento es el Katachi que va más allá de la calidades físicas, Katachi es el Kata con el alma, el Kata se puede enseñar el Katachi no, pero puede ser observado y experimentado, y para ello hay que entrenar con un maestro adecuado que lo puede enseñar, estos términos no sólo se encuentran en las artes marciales, sino también en el teatro No, ceremonia del té , danza japonesa, etc. .

Se dice que en el teatro No para aprender el Katachi, uno debe robar el secreto o el alma de la forma dominando el Kata, y en esta manera se puede comprender el significado del Katachi. Comprender el sentimiento de la forma y su significado significa realmente dominar la "Forma".

Tsuyoi

"No pienses que eres fuerte porque puedes hacer bien cualquier técnica, no estés demasiado lleno de ti mismo".

Masaaki Hatsumi

Tsuke Iri

附入り

(Entrar y adherirse)

El oponente ataca con el puño derecho, desde Kata Yaburi no Kamae hacer Naname Ushiro Omote Waki Uchi, y agarrar la muñeca del oponente con la mano derecha, inserir el bastón entre el su torso y el su brazo, presionar con el bastón sobre el su tríceps con el peso del cuerpo dando un paso y llevar al oponente en el suelo boca abajo y chequear ejerciendo presión sobre el bastón con la rodilla izquierda.

Ushiro Dori Tsuke Iri
後ろ捕り付け入り
(Captura desde atrás entrar y adherirse)

El oponente ataca por la espalda con un agarre en el torso, desde la posición de Kata Yaburi no Kamae, romper el agarre golpeando con las caderas hacia atrás y levantando los brazos, una vez roto el agarre hacer Tsuke Iri para llevar el oponente en el suelo.

Tsuke Iri Itto Dori
附入り一刀捕り
(Entrar y adherirse captura de la espada)

El oponente con el Kodachi hace una estocada, desde Kata Yaburi no Kamae evitar por fuera y golpear en el torso del oponente y hacer la técnica Tsuke Iri, desarmar y chequear el oponente.

Koshi Ori
腰折り
(Romper la cadera)

El oponente lanza un puño derecho, desde Kata Yaburi no Kamae hacer Naname Ushiro Ura Waki Uchi, agarrar con la mano izquierda la muñeca del oponente, inserir el bastón entre la su espalda y el su brazo, presionar con el bastón sobre el su tríceps con el peso del cuerpo y dando un paso llevarlo en el suelo de espalda y chequear manteniendo la presión del bastón con la rodilla derecha.

Shibari Koshi Ori
縛り腰折り
(Romper la cadera atando)

El oponente ataca con el puño derecho, desde Kata Yaburi no Kamae hacer Naname Ushiro Ura Waki Uchi, y agarrar la muñeca del oponente con la mano izquierda, inserir el bastón entre la su espalda y el su brazo insertándolo en el su cinturón, presionar en el su tríceps y dar un paso hacia adelante, llevar el oponente en el suelo, y controlarlo con la rodilla sobre el bastón.

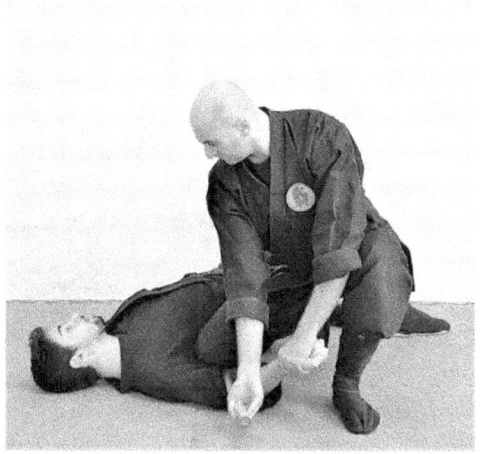

Koshi Ori Itto Dori
腰折り一刀捕り
(Romper la cadera captura de la espada)

El oponente ataca con el Kodachi, desde Kata Yaburi no Kamae evitar por dentro y golpear el su torso, y realizar la técnica Koshi Ori, desarmar y chequear al oponente.

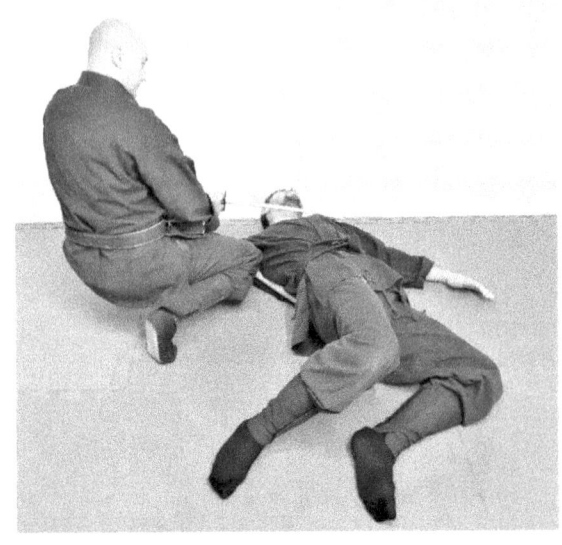

Kyojitsu
虚実
(Verdadero y falso, Engaño)

Atacar con Migi Katate Uchi (esto es "Kyo" 虚 falso), el oponente bloquea la muñeca con su mano izquierda, girar el brazo en el sentido horario y agarrar la punta del bastón con la mano izquierda ejecutando un Gyaku en la muñeca del oponente (esto es "Jitsu" 実 verdadero).

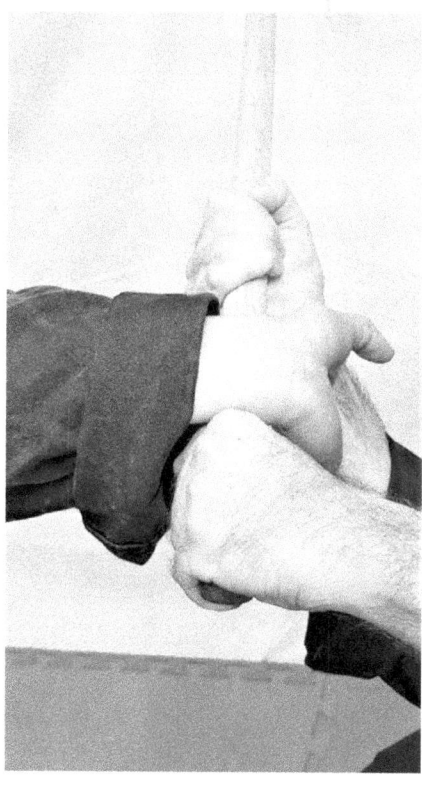

Dogaeshi
胴返し
(Contra el torso)

El oponente agarra la solapa con ambas manos para realizar una proyección Seoinage, desde la posición de Kata Yaburi no Kamae, dejar el bastón con la mano izquierda, pasar el bastón por delante del abdomen del oponente y volver a agarrarlo con la mano izquierda desde esta posición tirar hacia si mismo, por hacer que el oponente arquea la espalda y llevarlo al suelo, continuar a chequear con la presión del bastón en su esternón, garganta o brazos.

Kataginu
肩衣
(Vestido ceremonial samurai sin mangas)

El oponente ataca agarrando la solapa con ambas manos, desde la posición de Kata Yaburi no Kamae, realizar un Tsuki en el punto vital llamado Asagasumi con la punta izquierda del bastón, con la mano izquierda sujetando la muñeca izquierda del oponente y hacer Tsuke Iri por llevar al suelo el oponente y chequear.

Koku

虚空

(Espacio vacío)

El oponente agarra la punta derecha del bastón con su mano izquierda y agarra con su mano derecha el bastón entre las nuestras manos, desde la posición de Kata Yaburi no Kamae, doblar las piernas y avanzar con el pie derecho para levantar la punta del bastón hacia él y luego girarlo sobre su hombro derecho, desequilibrándolo y hacerlo caer en el suelo, si sigue a mantener el agarre con su mano izquierda, hacer Ura Gyaku, presionar con la punta izquierda la su mano izquierda sobre su garganta para chequear.

Kocho Dori
小蝶捕り
(Capturar la pequeña mariposa)

El oponente ataca con un puño derecho, desde Kata Yaburi no Kamae evitar por dentro y golpear con una mano hacia arriba debajo del tríceps, pasar el bastón por debajo del su brazo y agarrar la punta del bastón como para realizar Muso Dori presionando sobre el su codo, como el oponente resiste a la técnica, de repente girar y golpear el su cuello con el bastón mientras se hace Osoto Gake 大外掛け con el pie derecho, derribándolo en el suelo, seguir presionando el bastón en su cuello desde esta posición con la mano izquierda sujetar el bastón y la su manga para bloquear sus movimientos.

Ryufu

龍風

(Dragón del viento)

Desde Kata Yaburi no Kamae golpear el brazo izquierdo del oponente con Hidari Katate Uchi, aprovechando de la reacción del oponente que con su mano derecha agarra el su mismo brazo izquierdo, con la mano derecha agarrar la su muñeca y apoyar el bastón sobre el nuestro hombro derecho, dando un paso con el pie izquierdo frente al pie derecho del oponente y hacer una palanca sobre el su codo girando la columna, chequearlo manteniendo la palanca en el su brazo.

Kote (Torashu)
虎手
(Pata del tigre)

El oponente ataca con un puño derecho, desde Kata Yaburi no Kamae evitar por dentro y hacer una estocada hacia el hombro derecho con la punta izquierda del bastón en el Kyusho llamado Jujiro 十字路, golpear la mano izquierda del oponente con la punta derecha y de repente golpear debajo su mandíbula izquierda (Hidari Ago 左顎) derribándolo en el suelo, chequear Zanshin.

Taki Koi
瀧鯉
(Carpa de la cascada)

Desde Kata Yaburi no Kamae golpear en el punto vital de Asagasumi con Hane Age Uchi, desde esta posición realizar una estocada con la punta del bastón en la su garganta y llevar el oponente al suelo (esta acción se llama Tsuki Taosu 突き倒す), chequear con el bastón presionando en el punto vital Jinchu 人中 o en la boca Ate Osae Dori 当て押え捕り (ten cuidado durante el entrenamiento esta técnica puede romper o dislocar la mandíbula).

Chinsoku
沈足
(Pierna sumergida)

El oponente patea con el pie derecho, desde Kata Yaburi no Kamae evitar por fuera, golpeando y barriendo (Uchi Harai 打ち払い) en el punto vital Yaku 扼 con la punta derecha del bastón, haciendo una estocada en el punto vital Koe 声 y al final capturar la pierna con el bastón y realizar una llave articular para romper la pierna, por ejemplo Ashi Oni Kudaki.

Taki Nagare
瀧流
(Flujo de la cascada)

El oponente ataca con el puño derecho, desde Kata Yaburi no Kamae evitar por fuera y golpear dentro del tobillo derecho del pie del oponente con la punta derecha del bastón, arrodillarse sobre la pierna izquierda colocando el pie derecho a lado del su pie derecho, girar el bastón y presionar con la punta derecha del bastón en la axila llevando al suelo el oponente boca abajo, chequear presionando el bastón en la pierna y el brazo Gaisai To Jakkin Itami Osae 外谷と弱筋痛み押え.

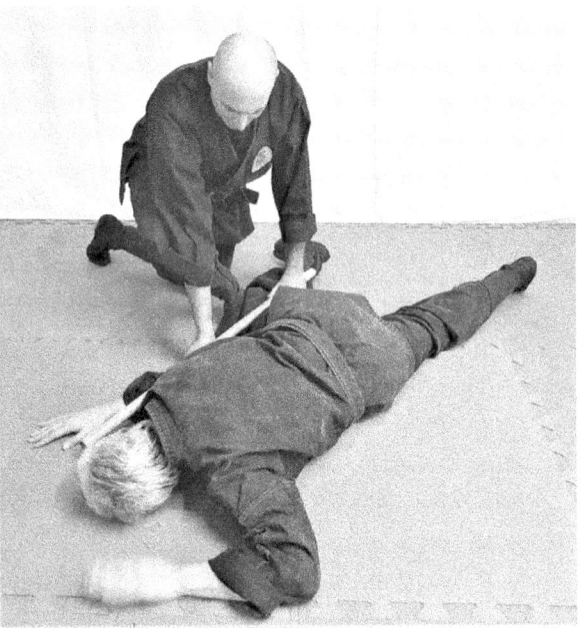

Odori Taoshi Ichi
踊倒し一
(Bailar y derribar, uno)

El oponente ataca con un puño derecho, desde Kata Yaburi no Kamae evitar hacia la derecha y golpear con la punta izquierda del bastón debajo del codo del brazo derecho del oponente desviando su puño, continuando la acción girar el brazo en el sentido horario Osu Gotoku Sabaki 押す如く捌き, girar hacia el lado permaneciendo paralelos al oponente, golpear con la punta izquierda del bastón debajo de su nariz y hacer un estrangulación con el bastón y con el brazo Jinchu Gaeshi Uchi Shimeru 人中返し打ち締める, desde esta posición chequear el brazo derecho y arrodillarse con la rodilla izquierda en la pierna derecha del oponente llevandolo al suelo.

Odori Taoshi Ni
踊倒し二
(Bailar y derribar, dos)

El oponente ataca con una patada frontal derecha, desde Kata Yaburi no Kamae evitar por fuera colocando la punta derecha debajo del tobillo del pie derecho del oponente, desde esta posición realizar Sankaku Jime en el su tobillo con el bastón, cambiando el agarre de la mano girar a la derecha el bastón girando el pie para que el oponente gire hacia atrás y tirar para llevarlo al suelo, chequear el su tobillo mientras se tuerce para hacer un agarre doloroso.

Jujisha Ichi
十字車一
(Rueda cruzada, uno)

El oponente ataca con un puño derecho, desde Kata Yaburi no Kamae hacer Naname Ushiro Ura Waki Uchi, llevar el bastón por debajo del codo por Juji Dori y proyectar al oponente colocando la pierna izquierda delante de la su pierna derecha y girando la columna.

Jujisha Ni
十字車二
(Rueda cruzada, dos)

El oponente ataca con el puño derecho, desde Kata Yaburi no Kamae realizar Sabaki Dori agarrando con la mano derecha, llevar la punta izquierda del bastón detrás del tobillo derecho del oponente mientras se da un paso hacia a la izquierda desequilibrando al oponente hacia atrás, desde esta posición agarrar la punta del bastón con la mano izquierda haciendo Kotsu Itami Dori 骨痛み捕り (presión dolorosa en el hueso) en el tobillo, empuje con el codo izquierdo sobre la pierna para llevar el oponente al suelo de espalda, y chequear, si se mueve golpear en un punto vital.

Rokai
老怪
(Anciano misterioso)

El oponente agarra la solapa y la manga en Kumite 組み手 (término japonés que derive de la antigua pelea del Sumo) intenta una proyección Seoinage, desde Munen Muso no Kamae bloquear la proyección bajando las caderas, pasar el bastón en frente a las costillas y agarrar la otra punta para hacer un Do Jime a las sus costillas flotantes (tener cuidado de no romper las costillas), desde esta posición se puede realizar varios chequeos, por ejemplo haciendo Shime golpeando el punto de Kinteki tirando hacia arriba, Ashikubi Sankaku Jime, y Ashi Onikudaki.

Ten Taoshi
天倒し
(Derribamiento del cielo)

El oponente ataca con el puño derecho, desde Munen Muso no Kamae golpear con Bofuri 棒振り, que es Kyo 虚 (falso, entonce se engaña) patear con una patada frontal en la cara, y mientras desciendes con el pie, agarrar el bastón con ambos las manos para golpear el punto vital Tento con el borde del bastón Tokikaku Uchi derribando el oponente en el suelo, arrodillarse y chequear con Naisai Itami Osae Ashi Ori.

Kyoku Shime

曲締め

(Melodía del estrangulamiento)

El oponente armado con la espada larga desde Daijodan no Kamae 大上段の構え ejecuta un corte vertical, desde Munen Muno no Kamae evitar por dentro y golpear la muñeca izquierda del oponente con Katate Furi, con la mano izquierda agarrar la muñeca derecha del oponente y su espada y golpear con la punta del bastón Tokikaku Uchi debajo del pómulo derecho, realizar un Shime presionando con el antebrazo debajo en la su garganta y con el bastón detrás del cuello, patear el brazo del oponente con la pierna izquierda para controlar la espada.

Otonashi
音無し
(Sin ruido)

El oponente armado con la espada larga desde Daijodan no Kamae realiza un corte vertical, desde Otonashi no Kamae sin que el oponente lea las nuestras intenciones, arrodillándose rápidamente sobre la pierna izquierda (Moguri Taihen 潜り体変 movimiento del cuerpo de la inmersión) y realizar una estocada, desde aquí hay infinitas formas de derribar a tu oponente en el suelo.

十方折衝の術

JUPPO SESSHO NO JUTSU
(El arte de negociar en las 10 direcciones)

Los fundamentos del Budo están en el Juppo Sessho no Jutsu, que también se conoce como Koteki Ryoda Juppo Sessho no Justu 虎擲龍拏十方折衝の術 situado en el pergamino antiguo secreto Hibun Jujiron Shinden Jukai 祕文十字論師伝 寿海 que forma parte de los pergaminos Amatsu Tatara, y habla de cómo luchar con armas como Kodachi, Jutte y Tessen contra un oponente armado con una espada larga desde estas técnicas nacieron las técnicas conocidas como Muto Dori 無刀捕 que son las técnicas consideradas de más alto nivel para un artista marcial. El nombre Koteki Ryoda se refiere a la leyenda de una feroz lucha entre un tigre y un dragón y enseña la preparación mental para defenderse a manos desnudas frente a un enemigo armado de espada, neutralizándolo, usando la visión del tigre y del dragón. Juppo Sessho no Jutsu 十方折衝の術 (también puede ser escrito con los caracteres para "tomar la vida"; Sessho no Jutsu 殺生の術) y está conectado a los secretos de la Kodachi, Jutte y Tessen, pero no se limita a estas armas, pueden ser utilizadas para cualquier arma corta como el Hanbo, el Juppo Sessho 十方折衝 también significa que "todas las cosas están conectadas", esto depende de tu talento Sainou 才能, el espíritu Tamashii 魂 y la capacidad Utsuwa 器. Con el fin de desarmar a un oponente con una espada larga o corta, debe utilizar el Juji Ryoku 十字力, o poder del ángulo correcto, es como una abeja atrapada en la palma de la mano y hacer inútil su aguijón "¡Amo Isshun no Tamamushi!" 中一瞬の吉丁虫. A continuación veremos las técnicas de Juppo Sessho aplicadas a las técnicas de Hanbojutsu, con el fin de entender completamente este concepto debe ser aprendida por Isshin Denshin 以心伝心 comunión de corazón y corazón con el maestro.

Arte caligráfico Shodo de "Amo Isshun no Tamamushi" 中一瞬の吉丁虫 pintado por el Soke Masaaki Hatsumi donado al Shihan Luca Lanaro.

Kiri no Hito Ha (Kata Hane)
桐の一葉（片羽）

(Una flor de Paulonia [Una ala])

El oponente con la espada corta ataca con una estocada, desde Kata Yaburi no Kamae evitar por fuera y dejar el bastón con la mano izquierda para golpear el Kote, desde esta posición avanzar con el pie derecho y golpear la cara del oponente con el bastón chequear el brazo que sujeta la espada corta con el codo, desde aquí se puedes hacer infinitas variaciones Banpen Henka 万変変化.

Rakka (Hane Otoshi)
落花 (跳ね落とし)
(Caída de los pétalos [Saltar y derribar])

El oponente armado con la espada larga desde Daijodan no Kamae ataca con un corte vertical, desde Otonashi no Kamae evitar y saltar por fuera ejecutando Kuri Gaeshi golpeando el brazo derecho del oponente desarmándolo, realizar un Do Jime con el bastón y presionar el esternón.

Mizu Tori

水鳥

(Ave marina)

El oponente con la espada corta ataca con un corte vertical, desde Kata Yaburi no Kamae arrodillase y realizar una estocada (Moguri Gata 潜型 forma para sumergirse), "como un ave marina que se sumerge en el agua".

Gorin Kudaki (Kote Suso Harai)
五輪砕 (小手裾拂)

(Destruir los "5 elementos" [Barrer la muñeca y la pierna])

El oponente con la espada larga desde Daijodan no Kamae ataca con un corte vertical, desde Kata Yaburi no Kamae evitar el ataque por dentro y golpear el Kote izquierdo del oponente con la punta izquierda del bastón de arriba hacia abajo, arrodillarse en la rodilla izquierda y girar el bastón en el sentido horario Han Gaeshi Uchi golpeando la pierna izquierda Sune Uchi, dejando caer el oponente boca abajo, chequear Zanshin 残心.

Mawari Dori
廻捕り
(Girar y capturar)

El oponente con la espada corta ataca con una estocada, desde Kata Yaburi no Kamae evitar por fuera y golpear la muñeca con Han Gaeshi Uchi y hacer con el bastón Sankaku Jime en la garganta del oponente y llevarlo en el suelo haciéndolo golpear con su espalda la nuestra rodilla (ten mucho cuidado al realizar este control porque es muy peligroso).

KI NAGASHI
(Fluir de la energía)

El oponente con la Katana desde Daijodan no Kamae detrás de nosotros ataca con un corte vertical, desde Munen Muso no Kamae percibir el Sakki 殺気 (intento de matar) del oponente evitar y ejecutar Tate Nagare pateando el Kote con el pie derecho y golpear con el bastón a la tibia derecha del oponente. Para realizar esta técnica, es esencial haber superado el Sakki Test (un examen realizado para superar el 5º Dan en el Bujinkan Dojo).

棒投げ

BO NAGE
(Lanzo del bastón)

Desde Yoko Ichimonji no Kamae dejar el agarre con la mano izquierda y girar el bastón hacia adelante en la mano derecha, lanzándolo contra el oponente, como para el lanzamiento del Shuriken tirar hacia adelante usando un movimiento a látigo de la muñeca en horizontal, este es el técnica básica, la técnica en las siguientes fotos es el "lanzamiento libre" Jiyu Nage 自由投げ este golpe también se llama Sanbou Shinsho 参棒心勝 también se escribe 参謀心勝, cambiando el ideograma del bastón Bou 棒 con la estrategia Bou 謀, se obtiene "La mentalidad ganadora del soldado".

半棒術 伝唱

HANBOJUTSU DENSHO
(Tradición del arte del bastón corto)

Las técnicas del Hanbojutsu que se muestran en este capítulo son las técnicas transmitidas como parte de la Escuela Kukishin Ryu Happo Bikenjutsu 九鬼神流八法秘剣術. Las formas de esta escuela se dividen como generalmente se hace en los tradicionales Ryu-Ha 流派 que se dividen en tres niveles: en el Shoden no Kata 初伝の型 "Forma de la transmisión inicial", se practica el combate con el bastón corto contra la "espada corta" Shoto 小刀, en el Chuden no Kata 中伝の型 "Forma de transmisión media" se practica el combate con el bastón corto contra el oponente que nos ataca con las manos desnudas, en el Okuden no Kata 奥伝の型 "Forma de la transmisión secreta" se practica el combate con el bastón corto contra la "espada larga" Daito 大刀.

筆詩
Hisshi

"El Sensei Takamatsu a menudo me decía: "Tanto Toda Sensei como Ishitani Sensei me decían que hay reglas para dar las escrituras a los discípulos. Una de estas reglas es que no es bueno transmitir la transmisión escrita (Densho 伝唱). Esto se debe al hecho de que la profundidad de la verdad del camino marcial es infinita, incluso si alguien lee algo escrito en el Densho u otras cosas que se escriben sobre el Budo, simplemente estudias las palabras escritas (Hisshi; 筆詩) estas son solo palabras muertas (Hisshi; 筆死) si no dominas el Bufu 武風 "Viento marcial" (el camino de las artes marciales)".

Masaaki Hatsumi

初伝の型

SHODEN NO KATA
(Forma de la transmisión inicial)

Katate Ori

片手折

(Rompiendo un brazo)

El oponente con el Shoto en su mano derecha da un paso con su pie izquierdo y agarra la solapa con su mano izquierda, luego hace una estocada dando un paso con el pie derecho. Desde Kata Yaburi no Kamae dar un paso atrás con la pierna izquierda y golpear con el bastón debajo del codo izquierdo del oponente, y luego golpear el Kote de la otra mano para desarmarlo.

Tsuki Otoshi
突き落し
(Estocada hacia abajo)

El oponente con el Shoto en su mano derecha da un paso con su pie izquierdo y agarra la solapa con su mano izquierda, luego hace una estocada dando un paso con el pie derecho. Desde Kata Yaburi no Kamae dar un paso atrás con la pierna izquierda y golpear con el bastón debajo del codo izquierdo del oponente, dar un paso adelante con el pie derecho y golpear en la su garganta con una estocada hacia abajo (Tsuki Otosu 突き落とす) para llevarlo en el suelo.

Uchi Waza

打技

(Técnica de golpe)

El oponente con el Shoto en su mano derecha hace una estocada dando un paso con el pie derecho. Desde Kata Yaburi no Kamae dar un paso atrás con la pierna izquierda a 45° y girar el bastón en la mano derecha, dejando el agarre con la mano izquierda y agarrando la punta otra vez (Han Gaeshi Uchi) golpear con el bastón en el Kote derecho del oponente para desarmar, golpear a Hidari Kasumi con el movimiento Han Gaeshi Uchi.

Nagare Dori
流捕
(Fluir y capturar)

El oponente con el Shoto en su mano derecha hace una estocada dando un paso con el pie derecho. Desde Kata Yaburi no Kamae evitar por dentro y dejando el bastón con la mano izquierda teniendo el bastón en vertical y agarrar la muñeca del oponente, girando el bastón y la su muñeca hacer Koshi Ori girando el cuerpo en sentido antihorario para llevarlo en el suelo, chequear.

Kasumi Gake

霞掛

(En el medio de la niebla)

El oponente con el Shoto en su mano derecha hace una estocada dando un paso con el pie derecho. Desde Kata Yaburi no Kamae evitar por fuera y dejando el bastón con la mano derecha golpear con el bastón en el brazo o en el torso agarrando la muñeca derecha del oponente, girar el bastón y la su muñeca para hacer Tsuke Iri, llevarlo al suelo, chequear.

Yuki Chigai
行違
(Cruzarse sin encontrarse)

El oponente con el Shoto en su mano derecha hace una estocada dando un paso con el pie derecho. Desde Kata Yaburi no Kamae evitar por fuera y dejando el bastón con la mano derecha, golpear con el bastón en la cara agarrando la muñeca derecha del oponente. Levantar el brazo y pasar por debajo proyectando el oponente con la técnica Katate Nage.

Ate Kaeshi

当返

(Girar y golpear)

El oponente con el Shoto en su mano derecha corta desde arriba hacia abajo. Desde Kata Yaburi no Kamae arrodillarse (Moguri Gata) cambiando el agarre, girar el bastón en la mano derecha y hacer una estocada golpeando donde quieras en las costillas, los ojos, la cara, el abdomen o la ingle.

Kao Kudaki
顔砕
(Destruir la cara)

El oponente con el Shoto en su mano derecha hace una estocada dando un paso con el pie derecho. Desde Kata Yaburi no Kamae evitar por fuera cambiando el agarre girar el bastón en la mano derecha (Han Gaeshi Uchi) para golpear al Kote o al Shoto del oponente para desarmar, luego golpear a Yoko Men girando el bastón con la mano derecha (movimiento como Hachiji Furi).

中伝の型

CHUDEN NO KATA
(Forma de transmisión media)

Ipponme
一本目
(Primera técnica)

El oponente agarra la solapa con su mano derecha, desde Munen Muso no Kamae pasar la punta del bastón debajo del brazo del oponente y agarrar desde abajo con la mano izquierda cruzando los brazos realizando Sankakujime en su muñeca, arrodillarse sobre la pierna izquierda llevando el oponente al suelo.

Nihonme

二本目

(Segunda técnica)

El oponente agarra la solapa con ambas manos, desde Munen Muso no Kamae pasar la punta del bastón por debajo de los brazos y agarrar desde abajo con la mano izquierda cruzando los brazos realizando Sankakujime en sus muñecas, arrodillarse sobre la pierna izquierda llevando el oponente al suelo.

Sanbonme
三本目
(Tercera técnica)

El oponente agarra la solapa con ambas manos, desde Munen Muso no Kamae pasar la punta del bastón debajo el brazo derecho del oponente y agarrarlo debajo cruzando los brazos con la mano izquierda ejecutando Sankakujime al Kote liberándose del agarre de la solapa, soltar el agarre con la mano derecha y cambiar el agarre, golpear el su Kote izquierdo con el bastón, y luego patear con el pie derecho para derribar el oponente.

Shihonme

四本目

(Cuarta técnica)

El oponente agarra la nuestra muñeca derecha con su mano izquierda, desde Munen Muso no Kamae bajar el cuerpo y pasar la punta del bastón por debajo de la muñeca del oponente agarrándola por debajo con la mano izquierda colocando un Gyaku, liberarse del agarre, dejar el bastón con la mano izquierda y golpear con Katate Furi en el su tronco, queriendo rotar y golpear por la segunda vez desde harriba realizando Uchi Otoshi 打ち落とし.

Gohonme
五本目
(Quinta técnica)

El oponente agarra la nuestra muñeca derecha con ambas manos, desde Munen Muso no Kamae, arrodillarse sobre la pierna izquierda agarrando el bastón con la mano izquierda la punta inferior, levantarse rotando en el sentido horario la punta superior para desequilibrar el oponente para liberarse del agarre, golpear de arriba hacia abajo, el oponente protege su cabeza cruzando sus brazos (Jumonji 十文字), inmediatamente realizar una estocada.

Ropponme
六本目
(Sexta técnica)

El oponente ataca con un puño derecho, desde Munen Muso no Kamae hacer Nagashi Uke con la mano izquierda, pasar el bastón por debajo del triceps derecho del oponente, agarrar con la mano izquierda y presionar con el codo izquierdo en el su antebrazo, poniendo el brazo del oponente en palanca, tirar para llevar el oponente al suelo arrodillándose sobre la pierna derecha, y luego hacer una estocada al flanco derecho del oponente con el bastón.

Variación: hacer Onikudaki.

Nanahonme
七本目
(Séptima técnica)

El oponente agarra la solapa y la manga y ataca con una proyección, desde Munen Muso no Kamae abrir los brazos y bajar las caderas en Hira Ichimonji no Kamae de Taijutsu (combate cuerpo a cuerpo) para bloquear la proyección, luego con el bastón realizar un Dojime presionando las su costillas, barriendo las piernas proyectar el oponente en el suelo, retrocediendo hacer una estocada.

Happonme
八本目
(Octava técnica)

El oponente agarra desde atrás, desde Munen Muso no Kamae bajarse y pasar el bastón por debajo del tobillo derecho del oponente y tirar el bastón con ambas manos, sientarse en la pierna para hacer que él caiga hacia atrás y poner la palanca sobre la su pierna, dar la vuelta para abrir la su piernas y presionar con ambas rodillas dentro de su muslos, si el oponente se mueve realizar una estocada en un punto vital.

Kyuhonme
九本目
(Novena técnica)

El oponente agarra la punta superior del bastón con su mano izquierda, desde Munen Muso no Kamae llevar la mano izquierda al bastón y fijar firmemente una llave articular como Omote Gyaku, Ura Gyaku, Hon Gyaku, cualquiera de estas está bien. Una vez que se aplica el Gyaku, moverse hacia dentro con el cuerpo y proyectar, girar el bastón y golpear.

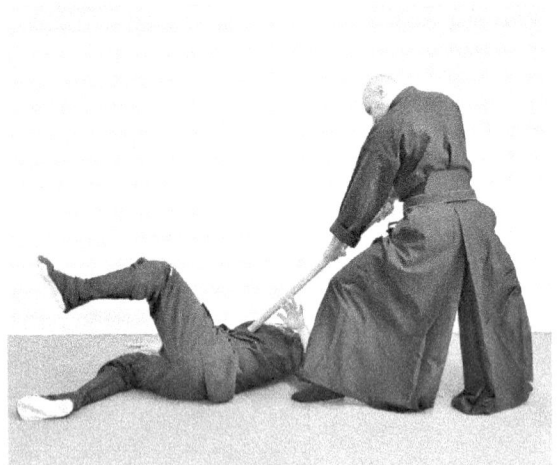

Variación: Omote Gyaku.

Yonnin Dori
四人捕
(Captura de cuatro hombres)

Hay cuatro oponentes que nos agarran uno nos abrazan por detrás, los dos laterales con ambas manos agarrándo un brazo uno para oponentes y el delantero agarra la solapa con ambas manos. Desde Munen Muso no Kamae, oscilar el cuerpo hacia la derecha, pasar el bastón debajo de los brazos de la persona a la derecha, luego de lo cual, colocar el bastón sobre los brazos de la persona en frente, luego oscilar el cuerpo para proyectar a los oponentes, golpear al cuarto oponente detrás de nosotros con una estocada, Zanshin.

Sannin Kedori

三人蹴捕

(Captura de tres hombres que patean)

Tres oponentes patean con el pie derecho, desde Munen Muso no Kamae, con un movimiento del cuerpo superior golpear la patada del primer oponente con Ate Gaeshi, girar el bastón y golpear la pierna del segundo oponente con Katate Furi, y luego capturar la patada del último oponente con el movimiento del cuerpo y realizar un Shimeru en la pierna, desde esta posición golpear con Kinteki Uchi, y terminar con Yoko Men Uchi.

奥伝の型

OKUDEN NO KATA
(Forma de la transmisión más profunda)

Tachi Gonin Dori
太刀五人捕
(Captura de cinco hombres con espada larga)

Cinco oponentes armados de espadas largas atacan con cortes verticales, desde Otonashi no Kamae, evitar las espadas de los oponentes, moviendo el cuerpo y las piernas para evitar los cortes, usar el bastón para golpear en sus puntos indefensos (Suki 透き), para tomar la fuerza del espíritu combativo, en esta técnica es esencial utilizar el espacio Kukan 空間, sin mostrar el arma, la forma del bastón o el sonido Oto 音, sin mostrar la propia intención.

仕込み杖

SHIKOMI-ZUE
(Bastón espada oculta)

El Shikomi-Zue, es el bastón espada oculta japonés, dentro del bastón se esconde una hoja oculta, este tipo de arma fue utilizada sobre todo por el Ninja cuando usaba las técnicas de disfraz Hensojutsu 変装術 para llevar un arma sin levantar ninguna sospecha por lo tanto sin representar una amenaza. Las técnicas de Hanbojutsu y Shikomi-Zue están estrechamente relacionadas, debes entrenar en las técnicas de Hanbojutsu alternando el bastón corto con el Shikomi-Zue, a través de esta práctica puedes comprender la verdadera forma del Hanbojutsu. Esta sección mostrará Ouyou 応用 aplicaciones de algunas de las técnicas anteriores usando el Shikomi-Zue.

八法秘剣
Happo Biken

"Yo no enseño solo el movimiento del Taijutsu. En el Happo Biken 八法秘剣 ("Ocho métodos y la espada secreta"), uno debe entender la conexión entre el Taijutsu y cualquier arma. Todo es igual".
Masaaki Hatsumi

Kata Yaburi no Kamae Yori no Shikomi-Zue
型破の構えよりの仕込み杖

(Golpear con el bastón espada oculta desde la postura Kata Yaburi no Kamae Mugamae 型破の構無構 "Postura sin postura de romper la forma").

Ichimonji Giri
一文字切り

(Cortar en línea horizontal)

Desde Kata Yaburi no Kamae avanzar con el pie derecho y sacar la hoja del Shikomi-Zue y cortar horizontalmente de izquierda a derecha, practicar Jodan 上段 alto, Chudan 中段 medio y Gedan 下段 bajo.

Munen Muso no Kamae Yori no Shikomi-Zue

無念無想の構えよりの仕込み杖

(Golpear con el bastón espada oculta desde la postura sin miente y sin pensamientos)

Age Giri

上げ切り

(Corte vertical hacia arriba)

Desde Munen Muso no Kamae, bloquear la punta del Shikomi-Zue entre los dedos de el pie, de repente sacar la hoja cortando verticalmente hacia arriba.

Otonashi no Kamae Yori no Shikomi-Zue
音無しの構えよりの仕込み杖
(Golpear con el bastón espada oculta desde la postura sin ruido)

Kage Ichimonji Giri
影一文字切り
(Corte sombra en línea horizontal)

Desde Otonashi no Kamae, dar un paso adelante con el pie derecho. Sacar la hoja del Shikomi-Zue por detrás y cortar horizontalmente de izquierda a derecha, practicar Jodan 上段 alto, Chudan 中段 medio y Gedan 下段 bajo.

Kuri Gaeshi
栗返し

("Invertir la castaña" también llamada Kachiguri no I 勝栗の意 Idea de castaña seca)
Como en la técnica del bastón corto, desde Otonashi no Kamae girar la muñeca colocando la punta del bastón sobre el hombro derecho y sacar la hoja para cortar el Kote del oponente.

Oni Kudaki Dori
鬼砕き捕り
(Captura de la destrucción del demon)

Empezar como por la técnica del bastón corto, una vez que se agarra el su brazo en la llave articular Oni Kudaki, sacar la hoja del Shikomi-Zue por debajo y chequear el oponente amenazando con la hoja sobre la garganta.

Omote Gyaku Yori Oni Kudaki

表逆より鬼砕き

(Destrucción del demon desde la torsión externa)

El oponente agarra la solapa de la chaqueta con su mano derecha, desde Kata Yaburi no Kamae con la mano izquierda chequear la mano del oponente y golpear las costillas con el bastón, con la mano izquierda hacer la llave articular Omote Gyaku, pasar el bastón debajo del brazo enganchando el cuello del oponente de esta manera también se aplicará la llave articular Oni Kudaki al mismo brazo, con la mano izquierda cambiar la empuñadura para agarrar el bastón y sujetar el brazo en la llave articular entre el bastón y el antebrazo, sacar la hoja del Shikomi-Zue y dar una estocada.

Sankaku Jime

三角締め

(Estrangulación triangular)

El oponente ataca con el puño derecho, desde Kata Yaburi no Kamae evitar por fuera y desviar el puño para pasar la punta del bastón en su garganta deslizando el bastón en la mano izquierda, dejar el bastón con la mano derecha, para agarrarlo de nuevo con la mano derecha y hacer un Sankaku Jime en la garganta, desde esta posición sacar la hoja del Shikomi-Zue.

Tsuke Iri Itto Dori
附入り一刀捕り
(Entrar y adherirse captura de la espada)

El oponente con la Katana hace un corte vertical, desde Kata Yaburi no Kamae evitar por fuera golpeando el torso del oponente e inserir el bastón como para realizar Tsuke Iri, cambiar el agarre de las manos con la mano izquierda agarrar la muñeca derecha del oponente y bloquear el bastón con el antebrazo, desde esta posición sacar la hoja del Shikomi-Zue y chequear al oponente colocando la hoja en su garganta.

Koshi Ori Itto Dori
腰折り一刀捕り
(Romper la cadera captura de la espada)

El oponente con la Katana hace una estocada, desde Kata Yaburi no Kamae evitar por dentro golpeando el torso del oponente y inserir el bastón como para hacer Koshi Ori, colocar el bastón verticalmente para que la gravedad saque la hoja del Shikomi-Zue y chequear el oponente colocando la hoja en las venas de la muñeca.

Shikomi-Zue Bo Nage
仕込み杖棒投げ
(Lanzo del bastón del Shikomi-Zue)

El oponente nos amenaza con la Katana en Chudan no Kamae 中段の構え manteniéndonos a distancia, desde Kata Yaburi no Kamae sacar la hoja del Shikomi-Zue asumiendo Unryu no Kamae 雲龍の構え (la postura del dragón de las nubes) manteniendo el bastón en Yoko Ichimonji no Kamae, desde esta postura lanzar el bastón con un movimiento repentino de la muñeca, mientras que el oponente se defiende del bastón arrodillarse Moguri Gata 潜り型 y cortar el abdomen del oponente.

護身術

GOSHINJUTSU
(Técnicas de defensa personal)

En la defensa personal o Goshinjutsu no solo es importante saber cómo luchar desarmado, sino también conocer el uso de las armas, aprender a usar el bastón corto es fundamental por varias razones, una es que si usas un arma de fuego para defenderte tendrás que ser obligado a usarla si es forzado y es muy fácil que te arriesgues a matar al agresor, entonces pagar las consecuencias arriesgándote a ser acusado de autodefensa excesiva, incluso usar un cuchillo es muy peligroso para controlar a un oponente, mientras que con un bastón puedes mantener a tu oponente a distancia, y puedes usarlo para golpear en los puntos vitales menos letales o usarlo para poner palancas y llaves articulares sin herir excesivamente el oponente, también se puede usar cualquier palo como arma, como las escobas, los bastones de paseo y los paraguas, etcétera.

Shizen

"En una pelea real no tienes tiempo para recordar las técnicas, tu tiempo de reacción sería demasiado lento. Entrenate para no interferir con tus reacciones naturales".

Masaaki Hatsumi

Hanbo Tai Hanbo
半棒対半棒

(Bastón corto contra bastón corto)

A menudo se ve en las peleas bastón contra bastón, que el practicante bloquea el golpe alto levantando el bastón, este no es un método efectivo, porque si se rompe podrías herirse, también como se ve en las fotos puede ser desarmado fácilmente viniendo golpeado a los dedos. En lugar de hacer un bloqueo, se debe recibir con el cuerpo deslizando el palo con cuidado a los dedos (Esta acción se llama Ukemi 受け身), y desde esta posición se puede golpear al oponente.

Hanbo Tai Naifu
半棒対ナイフ
(Bastón corto contra cuchillo)

El oponente ataca agarrando la muñeca intentando de apuñalarnos, usando la escoba, patear con el pie izquierdo la escoba para golpear al oponente en los genitales, el oponente intenta una estocada, cambiar el agarre para desviar su estocada y girar el cuchillo contra de él, chequear.

El oponente ataca con una estocada, desde Munen Muso no Kamae evitar por fuera golpeando a las manos con Katate Furi desarmando al oponente, volviendo al Kamae inicial para pisar el palo golpeando al oponente en la rodilla o el pie, (hecho dinámico es probable que rompa la extremidad, por eso en la práctica, siempre realice la técnica con cautela).

Kasa no Goshinjutsu

傘の護身術

(Defensa personal con paraguas)

Un borracho se acerca a la mujer con el paraguas e intenta hostigarla colocando un brazo a su lado, de repente la mujer golpea a la cara del agresor con el mango del paraguas y cierra el paraguas, coloca el mango detrás del brazo y hace la técnica de palanca Muso Dori y lleva al suelo el oponente.

警察の逮捕術

KEISATSU NO TAIHOJUTSU
(Técnicas de detención de la policía)

El Budo Taijutsu es un arte marcial muy antigua que nos ha traído intacto en su eficacia por el Soke Masaaki Hatsumi, que es el sucesor de las nueve escuelas de artes marciales tradicionales japonesas desarrollado y practicado por Ninja y Samurai en el curso de la historia de Japón, traído en toda su eficacia por el Gran Maestro Takamatsu Toshitsugu que trabajaba como guardaespaldas y cómo intelligence (recolección de información) en China durante la Segunda guerra Mundial, haciendo uso de estas artes directamente en el campo con éxito.

El Gran Maestro Masaaki Hatsumi ha influenciado con la su arte marcial el entrenamiento de los: SAS, Texas Rangers, FBI, CIA, los Marines, el Mossad, etc., también recibió varios reconocimientos por parte de varios gobernadores de estado.

En el antiguo Japón, los Ninjas también se han utilizado como una fuerza de policía, gracias a sus técnicas actuales, tales como la técnicas de detención Taihojutsu 逮捕術, técnicas para el uso de armas de fuego Teppo no Jutsu 鉄砲術, técnicas de desarme Muto Dori 無刀捕り, estrategias Heihojutsu 兵法術 y las técnicas de control psicológico Shinnenjutsu 心念術 del oponente y el desarrollo de tú mismo con el refinamiento espiritual Seishinteki Kyoho 精神的教養. En esta sección se mostrarán algunas técnicas para usar el bastón corto para las fuerzas policiales, como bloquear y detener a un atacante con el bastón sin dañarlo.

Teamwork

"Al usar técnicas de equipo, uno debe conocer la topografía y la geografía del área. Tenga en cuenta los árboles, etc. (por ejemplo, empujar a tu oponente contra un árbol es una forma de evitar que escape). Este principio también se aplica a las técnicas de conflagración o a las personas a caballo".

Masaaki Hatsumi

Tsuke Iri Dori
附入り捕り
(Captura desde Tsuke Iri)

A partir de la técnica básica de Tsuke Iri vista anteriormente, puedes practicar diferentes variaciones y chequeos, de hecho también es utilizada por la policía japonesa para controlar a los criminales, a continuación se muestran algunos controles posibles a partir desde esta técnica.

Una vez que se inserta el bastón como para la técnica de Tsuke Iri, a) bloquear con el solo brazo izquierdo y el bastón el su brazo, desde esta posición con la otra mano puede revisar o buscar; b) cambiar el agarre colocando un doble Ohgyaku en los brazos, puede hacer que el adversario camine para llevarlo donde quiere; c) insertando el bastón entre las piernas, se deja caer al oponente para controlarlo en el suelo, sentado en el bastón con Itami Osae en el muslo y el bíceps, si el oponente ataca con un puño se puedes bloquear fácilmente, así como una patada con la su pierna izquierda bloqueándola con la rodilla derecha inmovilizando asì el oponente.

Tsuke Iri

a)

b)

c)

Zanshin
残心
(Vigilancia continúa)

El oponente trata de robar el arma por la espalda, "sentir" al oponente, darse la vuelta y aprisionar la mano con el bastón usando la llave articular Take Ori, cambiar la llave articular en un Omote Gyaku con la mano izquierda bloqueando el bastón entre el brazo y el cuello del oponente, sacar la pistola con la mano derecha y chequear.

Futari Taihojutsu
二人逮捕術
(Técnicas de captura en parejas)

Ambos practicantes están armados con un bastón corto y mantienen al delincuente a distancia para tratar de evitar el uso de la fuerza y hacerlo razonar, el oponente ataca de repente, el agente atacado ejecuta Maki Age y el otro Ashi Dori, llevando al criminal en el suelo sin dañarlo y lo esposan (esta técnica también se puede realizar con los bastones policiales).

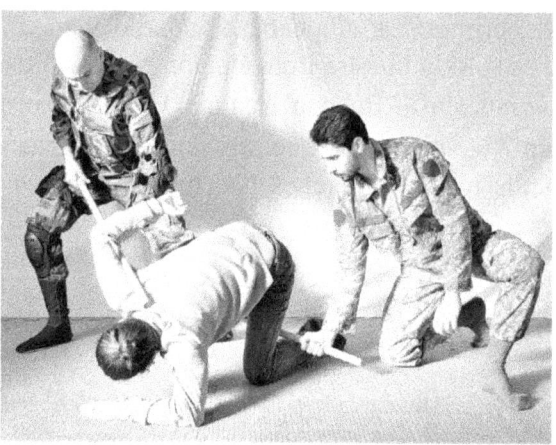
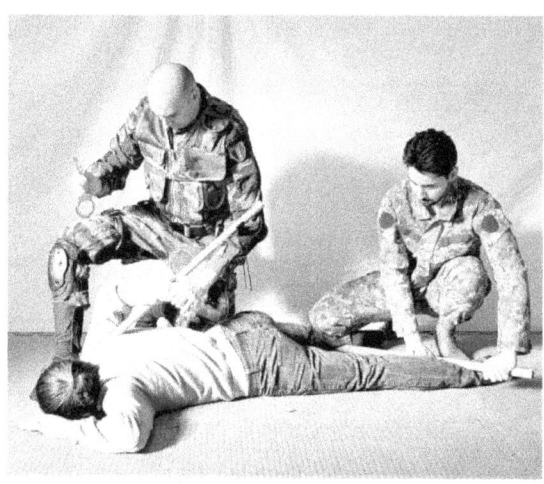
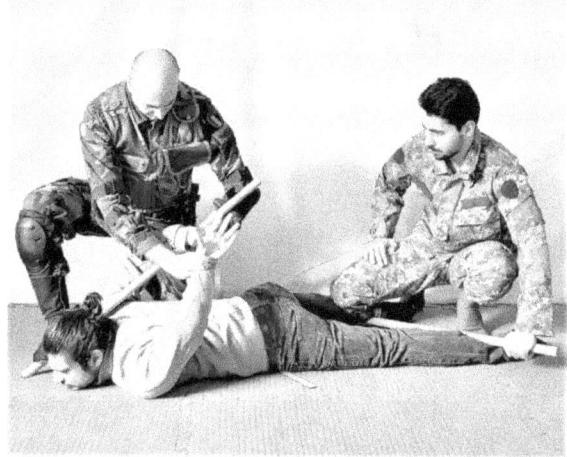

詒変の棒

Ihen no Bo
(Engaño del bastón)

Un bastón común se puede usar para muchas cosas, por ejemplo, para entrar en territorio enemigo sin levantar sospechas, usando el bastón como un común bastón de paseo. Este tipo de estrategias cambian a segunda de la situación. Este ejemplo muestra cómo un ligero cambio en la idea (Ihen 意変) de lo que realmente es el arte de utilizar un simple bastón también puede aumentar tus habilidades en la práctica de las técnicas de Hanbojutsu, este concepto se conoce como Ihen no Bo 詒変の棒 y se aplica a cualquier tipo de bastón.

En el arte del uso del bastón, no importa lo que es su longitud, hay técnicas llamadas "Kangi" 槓技 o técnicas de palanca, los fundamentos de estas técnicas es ser libre para responder a la situación, aprovechando del engaño Kyojitsu 虚実, por ejemplo en la guerra para golpear a un oponente a caballo, primero se golpeaba el caballo y luego se golpeaba el caballero. Así que nuestro único límite es sólo la nuestra imaginación para esto usted debe entrenar hasta que seria capaz de ejecutar variaciones sinfín Banpen Henka 万変変化 sin pensar, en el estado de Munen Muso 無念無想 o Mushin 無心 o hacer lo que salva nuestras vidas sin pensar en cuál técnica debemos hacer, de hecho no somos nosotros quienes hacemos la técnica, sino que lo hacemos por inspiración "divina" o gracias a los Kami 神.

Glosario

Akuheki 悪癖: malos hábitos
Amatsu Tatara Hibun 天津蹈鞴秘文: pergaminos antiguos que contienen los secretos de las artes marciales japonesas
Ate 当: golpe
Banpenfugyo 万変不驚: 10.000 cambios ninguna sorpresa
Bo 棒: bastón (rokushakubo 六尺棒 bastón alto seis pies)
Bokken – Bokuto 木剣: espada de madera
Budo 武道: artes marciales
Budoka 武道者: artista marcial
Bufu-ikkan 武風一貫: el camino marcial como un principio general, cada día de tu vida, literalmente, "viviendo a través del viento marcial"
Bujinkan 武神館: morada del dios de la guerra
Bunbu Ryodo 文武両道: seguir el camino del erudito y del guerrero
Buyu 武友: amigo en las artes marciales
Daisho 大小: grande y pequeño, las dos espadas usadas por el samurai (símbolo del samurai)
Fudoshin 不動心: espíritu imperturbable (o inmutable)
Ganbatte 頑張って: ¡Perseverar! ¡Seguir así!
Gokui 極意: enseñanzas secretas de los Ryu
Gorin 五輪: Cinco Anillos
Goshinjutsu 護身術: técnicas de defensa personal
Gyaku 逆: contrarios, opuesto, revertir, llaves articulares
Hanbo 半棒: bastón corto
Happobiken 八法秘剣: ocho métodos de la espada secreta
Henka 変化: cambiamiento, variación, cambio
Hidari 左: izquierda
Jutsu 術: técnica, arte
Kaiten 回転: rodar
Kaizen 改善: mejorarse, dar pequeños pasos al principio y luego aumentar
Kakushi Buki 隠し武器: armas ocultas
Kanji 漢字: ideogramas de origen chino que forman la base de la lingua escrita japonés
Kankaku 感覚: sensación, sentimiento
Kata 型: estilo, tipo, forma
Katachi 形: forma, secuencia de movimientos
Katana 刀: espada tradicional japonesa
Kihon Waza 基本技: técnica base
Kiso 基礎: fundamentales, básicos
Kocho 小蝶: pequeña mariposa
Kukan 空間: espacio
Kyojitsu 虚実: mentira y verdad; engaño
Migi 右: derecha
Nagashi 流し: fluir
Nage 投: lanzar, proyectar
Maai 間合い: distancia, intervalo

Rei 礼: saludos, ceremonia, expresión de gratitud
Ryu 流: escuela, tradición
Sabaki 捌き: movimientos
Sakkijutsu 殺気術: técnicas para percibir la intención asesina
Senpai 先輩: colega o estudiante mayor
Sensei 先生: Maestro
Shingitai Ichi Jo 心技体一情: el corazón, la técnica y el cuerpo que actúan en unidades
Shihan 師範: profesor de los instructores, maestro de espada
Shizen 自然: naturaleza, naturalidad
Soke 宗家: heredero directo de la tradición marcial
Taijutsu 体術: arte dell'uso del corpo (il nome delle antiche arti marziali giapponesi)
Taisabaki 体捌き: movimientos del cuerpo
Tantou 短刀: cuchillo japonés
Teashi 手足: manos y pies, extremidades
Tengu 天狗: criaturas mitológicas similares a los demonios que habitan en las montañas se consideraban gran expertos en las artes marciales
Tsuyoi 強い: fuerza, ser fuerte, poderoso
Ugoki 動き: movimiento; fluctuación
Zanshin 残心: vigilancia continua, manténgase en guardia

Números japoneses
Ichi 一 : uno
Ni 二 : dos
San 三 : tres
Shi (Yon) 四 : cuatro
Go 五 : cinco
Roku 六 : seis
Shichi (Nana) 七 : siete
Hachi 八 : ocho
Ku (Kyu) 九 : nueve
Ju 十 : diez
Ju ichi 十一 : once
Ju ni 十二 : doce
Ju ku 十九 : diecinueve
Ni ju 二十 : veinte
San ju 三十 : treinta
Shi ju 四十 : cuarenta
Go ju 五十 : cincuenta
Hyaku 百 : ciento
Sen 千 : mil
Ban 万 : diez mil

Bibliografía:

Textos de referencia:

Stick Fighting	Masaaki Hatsumi Q. Chambers
Hanbojutsu, Juttejutsu, Tessenjutsu	Masaaki Hatsumi
Ninjutsu, history and tradition	Masaaki Hatsumi
The grandmaster's book of ninja training	Masaaki Hatsumi
Essence of ninjutsu	Masaaki Hatsumi
Understand? Good. Play!	Masaaki Hatsumi
The way of the Ninja, secret techniques	Masaaki Hatsumi
Advanced stick fighting	Masaaki Hatsumi
Shinden Kihon: Técnicas básicas de combate sin armas Ninja y Samurai	Luca Lanaro

El autor:

Lo Shihan 師範 Luca Lanaro, autor del libro "Shinden Kihon: Técnicas básicas de combate sin armas Ninja y Samurai", es un miembro regular del Shidoshikai (Registro Internacional de Instructores Bujinkan), y enseña en Génova desde 1999, cada año va a Japón para estudiar directamente con el Soke Masaaki Hatsumi, que es su alumno directo, también imparte seminarios en Italia y fuera. El Soke Masaaki Hatsumi ha dado a èl el nombre marcial (Bugou 武号) de Isamu Koma 勇駒 que se puede traducir como "Caballo valiente" (Koma 駒 es el ideograma para el caballo de lo ajedrez japonés Shogi, que es una pieza muy importante, mientras Isamu 勇 significa, valiente, valeroso y heroico), en febrero de 2017 recibió la medalla de oro del Bujinkan Dojo.

Website: http://bujin.altervista.org
Facebook: Bujinkan Dojo Genova
YouTube: Bujinkan Dojo Genova
Email: infobujinkan@gmail.com

www.ingramcontent.com/pod-product-compliance
Lightning Source LLC
Chambersburg PA
CBHW081524160426

43191CB00011B/1680